TANTRA

TANTRA

O CAMINHO DA ACEITAÇÃO

OSHO

Tradução:
Leonardo Freire

Editora
Cultrix
SÃO PAULO

Título original: *Tantra – The Way of Acceptance*

Texto © 2014 Osho International Foundation, Suíça.
www.osho.com/copyright
Copyright © 2014 Alexian Ltd
Copyright da edição brasileira © 2015 Editora Pensamento-Cultrix Ltda.

1ª edição 2015.
2ª reimpressão 2018.

Todos os direitos reservados. Nenhuma parte deste livro pode ser reproduzida ou usada de qualquer forma ou por qualquer meio, eletrônico ou mecânico, inclusive fotocópias, gravações ou sistema de armazenamento em banco de dados, sem permissão por escrito do proprietário.

Os textos contidos neste livro foram selecionados de vários discursos que Osho proferiu ao público durante mais de trinta anos. Todos os discursos foram publicados na íntegra em forma de livros, e estão disponíveis também na língua original em áudio. As gravações de áudio e os arquivos dos textos em língua original podem ser encontrados via online no site www.osho.com. OSHO é uma marca registrada da Osho International Foundation, www.osho.com/trademarks.

OSHO é uma marca registrada da Osho International Foundation, usada com a devida permissão e licença.

Agradecimentos referentes à reprodução das imagens.
O editor agradece a Osho International Foundation por permitir a reprodução das imagens das pp. 7, 2 9, , 13, 15, 16, 19, 20, 23, 26, 27, 28, 30, 32, 37, 39, 41, 48, 49, 51, 53, 55, 57, 59, 60, 63, 65, 66, 67, 69, 72, 75, 76, 79, 81, 82, 85, 87, 89, 90, 91, 93, 103, 105, 106, 107, 109, 110, 113, 115, 117, 118, 121, 123, 124, 125, , 126, 129, 131, 133, 134, 135, 137, 139, 140, 143, com especial agradecimento a Atmo Sharma pelas imagens das pp 34, 95, 97, 99, 100 e 101.

Impresso na Malásia por Imago.

Os editores agradecem a Jose Luis Pelaez, Inc. /Corbis Images, por permitir a reprodução da imagem da p. 71, e a Larry Williams/Corbis Image por permitir a reprodução da imagem da p. 73.

Dados Internacionais de Catalogação na Publicação (CIP)
(Câmara Brasileira do Livro, SP, Brasil)

Osho, 1931-1990.
  Tantra : o caminho da aceitação / Osho ; tradução Leonardo Freire. – 1. ed. – São Paulo : Cultrix, 2014.

  Título original : The way of acceptance.
  ISBN 978-85-316-1302-9

  1. Budismo Tântrico – Doutrinas 2. Espiritualidade 3. Vida espiritual 4. Vida religiosa – Budismo Tântrico I. Título.

14-12273   CDD–294.3925

Índices para catálogo sistemático
1. Budismo tântrico : Palestras de Osho : Religião   294.3925

Direitos de tradução para o Brasil adquiridos com exclusividade pela
EDITORA PENSAMENTO-CULTRIX LTDA., que se reserva a propriedade literária desta tradução.
Rua Dr. Mário Vicente, 368 – 04270-000 – São Paulo, SP
Fone: (11) 2066-9000 – Fax: (11) 2066-9008
http://www.editoracultrix.com.br
E-mail: atendimento@editoracultrix.com.br
Foi feito o depósito legal.

sumário

Introdução 6

parte I tantra: o encontro da terra com o céu 8
 a serpente e o salvador 10
 Saraha, o fundador do tantra budista 24
 a canção régia de Saraha 38

parte II entendendo a ciência do tantra 50
 a linguagem do silêncio 52
 tantra e ioga 58
 o mapa interior dos chacras 64
 tantra é transcendência 80
 os quatro mudras 88

parte III fundamentos da visão tântrica 92
 o caminho da inteligência 94
 além da permissividade 98
 além do tabu 102
 sem caráter 114
 espontaneidade 116
 intensidade 120
 a unidade dos opostos 122

parte IV a visão tântrica na prática 128
 o tantra confia 130

sobre o autor 144

introdução

O princípio básico do Tantra, princípio esse muito radical, revolucionário e rebelde, é que o mundo não está dividido em inferior e superior, mas que ele é uma só peça. O inferior e o superior estão de mãos dadas; o superior contém o inferior, e o inferior contém o superior. O superior está oculto no inferior; portanto, o inferior não precisa ser negado, não precisa ser condenado, não precisa ser destruído ou morto. O inferior precisa ser transformado, ter permissão para se mover para cima, e dessa maneira o inferior se torna o superior.

Uma outra maneira de dizer isso é que não há uma distância intransponível entre o demônio e Deus; o demônio está carregando Deus no fundo de seu coração. Uma vez que esse coração comece a funcionar, o demônio se torna Deus. Na verdade, a palavra demônio vem da mesma raiz que a palavra *divino*; ele é o divino ainda não evoluído, e isso é tudo. Não é que o demônio esteja contra o divino, não que o demônio esteja tentando destruir o divino; na verdade, o demônio está tentando *encontrar* o divino, está a caminho do divino. O demônio não é o inimigo, mas a semente. O divino é a árvore inteiramente florescida, e o demônio é a semente, mas a árvore está oculta na semente. A semente não é contra a árvore; na verdade, a árvore não pode existir se a semente não existir. E a árvore não está contra a semente; elas estão em uma profunda amizade, elas estão juntas.

Veneno e néctar são duas fases da mesma energia, e assim é a vida e a morte, e assim é com tudo: dia e noite, amor e ódio, sexo e superconsciência. O Tantra diz para nunca condenar nada, pois a atitude de condenação é destrutiva. Ao condenar algo, você nega a si mesmo as possibilidades que se tornariam disponíveis a você se tivesse encorajado o inferior a evoluir. Não condene a lama, pois o lótus está oculto na lama; use a lama para produzir o lótus. É claro, a lama ainda não é o lótus, mas pode ser. Uma pessoa criativa ajudará a lama a liberar seu lótus, de tal modo que o lótus possa ser manifesto.

A visão tântrica é de imensa importância, e particularmente para o presente momento na história da humanidade, porque um novo tipo de ser humano está lutando para nascer, uma nova consciência está batendo à porta. E o futuro irá ser do Tantra, porque agora as atitudes dualistas não podem mais conservar o poder sobre a mente humana. Essas atitudes dualistas tentaram por séculos e mutilaram os seres humanos e os fizeram se sentir culpados; elas não tornaram as pessoas livres, mas prisioneiras; elas também não fizeram as pessoas felizes, mas infelizes. Elas condenaram *tudo*, da comida ao sexo; condenaram tudo, do relacionamento à amizade; elas condenaram tudo... O amor é condenado, o corpo é condenado, a morte é condenada. Elas não deixaram um único centímetro para você ficar e tiraram tudo, e você foi deixado flutuando, simplesmente flutuando.

Esse estado não pode mais ser tolerado, e o Tantra pode lhe dar uma nova perspectiva.

PARTE I

tantra: o encontro da terra com o céu

Você já observou uma árvore crescer, como ela tateia e se dirige para cima? Que método ela segue? Da semente vem o broto, e então, muito lentamente, ele começa a subir. A árvore vem da profundidade da terra e começa a subir ao céu, da raiz ao tronco, galho, folha, flor e fruto... É isso que também acontece com sua árvore da vida.

Não há distinção entre o sagrado e o profano.

a serpente
e o salvador

O sexo é tão sagrado quanto o samádi, o mais baixo e o mais elevado são partes de um só continuum. O degrau mais baixo da escada é tão parte dela quanto o mais alto; eles não estão divididos em lugar nenhum. E, se você negar o mais baixo, nunca será capaz de alcançar o mais alto.

Não é para você se sentir culpado em relação ao sexo; ele é sua vida, ele está onde você está. Como você pode evitá-lo? Se você o evitar, você será falso, não autêntico, não verdadeiro; se você o evitar, se o reprimir, não será capaz de se mover para cima, pois a energia estará reprimida por ele.

Assim, quando sua sexualidade começa a se mover, esse é um bom sinal, mostra que você foi contatado, que algo se agitou em você, que algo se tornou um movimento em você, que você não é mais um reservatório estagnado, que você começou a fluir em direção ao oceano.

Certamente o oceano está distante; ele virá no final, mas, se você impedir esse pequeno reservatório enlameado de fluir, nunca alcançará o oceano. Conheço a sua lama, mas ela precisa ser aceita, e você precisa começar a fluir!

A serpente e o salvador não são dois, mas um só. Na verdade, há uma antiga tradição que diz que quando Deus criou Adão e Eva e lhes disse para não irem até a Árvore do Conhecimento nem comerem o seu fruto, depois de dizer isso Deus se transformou na serpente. Ele se enrolou em volta da árvore e seduziu Eva a comer o seu fruto. O próprio Deus se tornou a serpente!

Adoro essa história. Os cristãos ficarão muito chocados, mas apenas Deus pode fazer uma coisa dessa, e ninguém mais. De onde a serpente pôde vir? E sem a ajuda de Deus, como a serpente poderia convencer Eva? Na verdade, tudo já havia sido decidido de antemão. Deus queria que o ser humano se extraviasse, pois apenas ao se extraviar a pessoa amadurece; Deus queria que o ser humano pecasse, pois apenas por meio do pecado a pessoa pode um dia chegar à santidade. Não há outra maneira.

É por isso que Deus disse: "Não coma o fruto desta árvore!" Esta é uma psicologia simples... Se os cristãos estiverem certos no que dizem, isso significa que Deus é um psicólogo pior do que Freud. Esta é uma psicologia simples: se você proíbe alguém de fazer algo, esse algo se torna mais atraente, mais magnético. Se você diz: "Não faça isso", pode estar certo de

> *E, no Oriente, a serpente nunca esteve a serviço do demônio, mas sempre a serviço de Deus.*

que isso será feito. Todos os pais sabem disso, e Deus é o pai supremo. Ele não sabia disso?

Há uma história:

Em um belo entardecer de primavera, Freud foi caminhar em um parque com sua esposa e sua filha. Eles não prestaram atenção à criança, e, quando o sino tocou avisando que era hora de fechar o parque e que todos deveriam sair, a esposa de Freud disse: "Mas onde está nossa filha? Ela desapareceu!" E o parque era muito grande.

Freud perguntou: "Diga-me uma coisa, você a proibiu de ir a algum lugar?"

E ela respondeu: "Sim, eu lhe disse para não chegar perto da fonte".

E Freud disse: "Então vamos lá. Se meu entendimento estiver certo ela está lá na fonte". E ela estava lá!

A mulher ficou perplexa e perguntou: "Como você descobriu que ela estava aqui?"

E Freud respondeu: "Essa é uma psicologia simples, e todos os pais deveriam conhecê-la".

Não, não posso confiar na interpretação dos cristãos, porque ela faz com que Deus pareça muito tolo. Ele deve ter planejado isso, sabendo perfeitamente bem que se Adão fosse proibido de comer a fruta, se lhe fosse dito, comandado e ordenado, se uma ordem absoluta fosse dada: "Nunca toque o fruto desta árvore!", então era absolutamente certo que ele o comeria.

Mas Adão foi o primeiro homem e ainda não estava ciente dos caminhos dos homens. Ele foi a primeira criança e deve ter sido uma criança obediente, e pessoas obedientes também existem. Então Deus deve ter esperado alguns dias, mas como Adão não foi à árvore, Deus decidiu se tornar uma serpente e tentar por meio da mulher, porque quando não se pode fazer nada com o homem, a maneira correta é sempre por meio da mulher... Ele deve ter tentado por meio da mulher, deve ter falado com ela, e foi bem-sucedido!

É por isso que eu digo que a serpente e o salvador são um só.

E, no Oriente, a serpente nunca esteve a serviço do demônio, mas sempre a serviço de Deus. No Oriente esta é a simbologia: a serpente está dentro de você, enrolada no centro sexual. Ela é chamada de *kundalini*, a serpente enrolada. Ela está lá, adormecida, no nível mais baixo, nas raízes. A árvore da vida é a sua espinha dorsal, que sustenta a sua vida; ela é o seu tronco. Ela nutre você, sua energia corre através dela, e a serpente está deitada lá na raiz.

Quando algo o instiga, também instiga a serpente, porque essa é a sua energia, é onde sua energia está. Assim, quando isso acontece, não se preocupe, não se sinta culpado. Nunca se sinta culpado por nada! Tudo o que acontece é bom, e o ruim não acontece e não pode acontecer, pois o mundo está repleto de divindade.

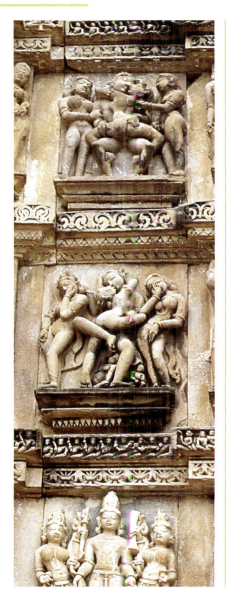

Como o mau pode acontecer? O mau deve ser nossa interpretação.

O sexo e a superconsciência são a mesma energia. A serpente e o salvador não são dois; há uma ligação entre o mais baixo e o mais elevado, há uma sequência que leva de um ao outro, uma maneira de vida, uma maneira de amar, natural e inevitável como a maneira de uma árvore crescer.

Você já observou uma árvore crescer, como ela tateia e se dirige para cima? Que método ela segue? Da semente vem o broto, e então, muito lentamente, ele começa a subir. A árvore vem da profundidade da terra e começa a subir ao céu, da raiz ao tronco, galho, folha, flor e fruto... É isso que também acontece com sua árvore da vida.

Não há distinção entre o sagrado e o profano, nenhuma distinção entre o amor divino e o humano; trata-se de uma continuidade. Seu amor e o amor divino são dois extremos do mesmo fenômeno, da mesma energia. É verdade que o seu amor é demasiadamente confuso, demasiadamente cheio de outras coisas, como o ódio, a raiva, o ciúme, a possessividade, mas ainda é ouro misturado com lama, mas ainda assim é ouro. Você precisa passar pelo fogo, e tudo o que não for ouro desaparecerá e apenas o ouro permanecerá.

Aceite a si mesmo, pois apenas pela aceitação a transformação é possível, e não de outra maneira. Se você começar a se sentir culpado, ficará repressivo.

Nos templos de Khajuraho e Konarak, na Índia, você verá o que estou falando. Esses são templos tântricos, os templos mais sagrados que ainda existem sobre a terra. Todos

os outros templos são comuns, e apenas Khajuraho e Konarak têm uma mensagem que não é ordinária, mas extraordinária, e extraordinária porque é verdadeira.

Qual é a mensagem deles?

Se você for a esses templos, perceberá que em suas paredes externas há esculturas com todos os tipos de posturas sexuais, homens e mulheres fazendo amor em muitas posturas, concebíveis e inconcebíveis, possíveis e impossíveis. Todas as paredes estão repletas de sexo. Quem os visita fica chocado e começa a pensar: "Que obscenidade!" Ele quer condenar, quer baixar os olhos, quer sair correndo, mas isso não acontece por causa dos templos, e sim por causa dos sacerdotes e de seus venenos dentro de você.

Quando você começa a entrar no templo, as figuras ficam cada vez mais esparsas e a qualidade do amor começa a mudar. Sobre as paredes externas é pura sexualidade; quando você começa a entrar, perceberá que o sexo está desaparecendo. Casais ainda estão presentes, em profundo amor, olhando nos olhos um do outro, segurando as mãos um do outro, se abraçando, mas a sexualidade não está mais presente. Entre ainda mais, e as figuras ficam ainda mais esparsas. Casais ainda estão presentes, mas nem estão segurando as mãos nem se tocando. Entre ainda mais, e os casais desaparecem... Entre ainda mais...

Na parte mais íntima do templo, o que no Oriente se chama *gharba*, o útero, não há uma única figura. A multidão se foi, os "muitos" se foram. Não há nem mesmo uma janela para o exterior, nenhuma luz vem de fora; ele está completamente no escuro, em silêncio, calmo e

Quando o sexo é aceito naturalmente, ele começa a se elevar.

quieto. Nem mesmo há uma figura de um deus; ele é vazio, é um nada.

O recanto mais íntimo é nada, e a parte externa é um carnaval; o recanto mais íntimo é meditação, é samádi, e a parte externa é sexualidade. Essa é toda a vida do ser humano retratada. Mas lembre-se: se você destruir as paredes externas, destruirá também o santuário interior, porque o silêncio e a escuridão mais íntimos não podem existir sem as paredes externas, o centro do ciclone não pode existir sem o ciclone, o centro não pode existir sem a circunferência. Eles estão juntos!

Sua vida exterior está repleta de sexualidade, e isso está perfeitamente bem e é perfeitamente belo! Khajuraho simplesmente retrata você; trata-se da história humana em pedra, da dança humana em pedra, do degrau mais baixo ao mais alto da escada, do muitos ao um, do amor à meditação, do outro ao próprio vazio e solitude.

As pessoas que criaram esses templos foram corajosas, pois o ponto sereno é mostrado junto com o mundo em reviravoltas.

A maneira do Tantra não é a da sensualidade cega e também não é apenas espiritualidade, mas é 'ambas/e". O Tantra não acredita na filosofia do "esse ou aquele" mas na filosofia do "ambas/e". Ele não rejeita nada e transforma tudo.

Apenas os covardes rejeitam; e, se você rejeitar algo, será na mesma medida mais pobre, pois algo foi deixado sem ser transformado. Uma parte de você permanecerá sem se desenvolver, permanecerá infantil, e sua maturidade nunca será total. Será como se uma perna permanecesse no primeiro degrau da escada e a sua mão tivesse alcançado o último degrau. Você ficará esticado entre essas polaridades e ficará angustiado, em agonia; sua vida não será de êxtase.

É por isso que falo de Epicuro e de Buda juntos. Epicuro fica com a parede externa do templo de Khajurahc; ele está certo até onde ele vai, mas não vai longe o suficiente, simplesmente dá uma volta por fora do templo e vai para casa. Ele não está ciente de que perdeu a própria essência do templo. Aquelas paredes externas são apenas paredes externas; elas existem para dar sustentação ao santuário interior.

Buda entra no santuário interior, senta-se ali e nesse silêncio ele permanece, mas se esquece das paredes externas. E sem as paredes externas não há santuário interior.

Para mim, ambos estão desequilibrados, estão pela metade; algo foi rejeitado e algo foi escolhido. Eles não tiveram a atitude da ausência de escolha. Digo para aceitar tudo, o exterior e o interior, o fora e o dentro, e você será a pessoa mais rica sobre a terra.

O Tantra é a maneira da inteireza, nem obsessão pelo mundo nem se retirar dele. Ele é estar no mundo de uma maneira leve, com um sorriso leve, é ter uma atitude de diversão. Ele não leva as coisas a sério e tem um coração leve e ri; ele é desavergonhadamente terreno e infinitamente do outro mundo. No Tantra, o céu e a terra se encontram, ele é o encontro de polos opostos.

Se você for a Khajuraho, perceberá: há um grande êxtase na face de todos os amantes que estão esculpidos nas paredes externas. Muitas pessoas vão a Khajuraho e a Konarak, mas elas apenas olham a metade inferior dessas figuras e ficam focadas na genitália. Muito poucas pessoas foram capazes de perceber as figuras inteiras. E, com certeza, raramente alguém é capaz de perceber as faces das figuras, pois as pessoas estão tão obcecadas pela sexualidade, contra ou a favor, que ficam confinadas à parte inferior.

Se você for a Khajuraho, não deixe de observar as faces dos amantes; elas têm a mensagem real. Essas faces estão em um tal estado de plenitude, estão tão calmas e meditativas que você não encontrará tais faces esculpidas em nenhum outro lugar. Um grande êxtase! Mesmo a pedra floresceu naquelas faces; essas faces transformaram a pedra em rosas, em lótus. Ao ver essas faces, você será capaz de perceber que aqueles amantes não são mais parte do tempo e do espaço; eles foram além.

As figuras são sexualmente ativas, mas não estão obcecadas pelo sexo, nem contra nem a favor. Ambos são obsessões, pois contra ou a favor simplesmente significa que as coisas não são mais naturais. Quando as coisas são naturais, você nem é a favor nem contra.

Você é contra ou a favor do sono? Se você for a favor, tornou-se artificial; se você for contra, tornou-se artificial. A pessoa não é contra

tantra: o encontro da terra com o céu 19

nem a favor do sono; ele é simplesmente natural, assim como o sexo. E quando o sexo é aceito naturalmente, ele começa a se elevar. Então, um dia, espontaneamente o botão se torna uma flor, e não que você precise *fazer* alguma coisa... simplesmente deixe a energia se mover, deixe a seiva fluir e o botão se tornará uma flor.

Aquelas faces estão completamente à vontade, em um estado de entrega. Elas estão no mundo, mas não são dele. Elas não estão fazendo nada de errado e são apenas como pequenas crianças brincando na praia; elas são brincalhonas. Mas pessoas sexualmente obcecadas têm sido muito contrárias a Khajuraho. Mahatma Gandhi queria que ele fosse coberto com terra e só fosse descoberto esporadicamente, quando alguma visita especial viesse de algum outro país. Ele achava que esses templos deveriam ser fechados para as pessoas comuns.

Ora, se Mahatma Gandhi for ver Khajuraho, não acho que será capaz de ver as faces das figuras, não acho que será capaz de entrar no templo, pois as paredes externas serão suficientes para impedi-lo. Acho que ele nem será capaz de olhar o exterior, pois ficará com muita raiva e se sentirá muito culpado, muito envergonhado. Se você tentar falar sobre Khajuraho com indianos pretensamente cultos, perceberá que eles se sentirão envergonhados; eles dirão: "Sentimos muito, mas esses templos não representam nossa corrente principal, eles não são representativos de nossa cultura. Eles são aberrações de nossa cultura e não nos representam; lamentamos muito que eles existam".

Mas esses templos representam uma das atitudes mais holísticas em relação à vida, na qual tudo é aceito, pois tudo é divino.

Para mim, o estágio final de um ser humano não é ser um santo nem ser como um Buda, mas ser como Shiva Nataraj, Shiva, o Dançarino. Buda entrou muito fundo, mas a parede exterior está faltando, a parede exterior é negada. Shiva contém tudo, todas as contradições, o todo da existência, sem escolher. Ele vive no âmago mais profundo do santuário e também dança diante das paredes externas.

A menos que o sábio possa dançar, algo está faltando.

A vida é uma dança, e você precisa participar dela. E, quanto mais silencioso você se torna, mais profunda é a sua participação. Nunca se retire da vida, seja verdadeiro para com ela, esteja comprometido com ela, seja completamente pela vida.

Quando você alcança o âmago mais profundo do templo, isto acontece: não há mais razão para você dançar, você pode permanecer ali em silêncio. Como Buda diz: "Quando você atinge a iluminação, então há dois caminhos abertos, ou você pode se tornar um *arhata*, que se retira para a outra margem, ou pode se tornar um *bodhisattva*, que permanece nesta margem". Na verdade, quando você se ilumina não há razão para permanecer nesta margem, mas Buda diz que por amor aos outros você cria uma tal compaixão em si mesmo que pode demorar-se um pouco mais e ajudar pessoas.

Da mesma maneira, quando você se ilumina, duas possibilidades se abrem: você pode permanecer dentro do templo, no útero do templo onde é escuro e onde não há janelas, sem absolutamente sair de lá, onde a luz não penetra, onde não há som do exterior, sem nada do mundo corriqueiro... Você pode se sentar em silêncio ali, em absoluto silêncio, em um silêncio sem tempo, e não há razão para você sair e dançar. Mas ainda assim espero que você volte, embora não haja razão. Você pode parar lá, sua jornada estará completa, mas algo ainda estará faltando. Você terá aprendido a ficar em silêncio e agora terá de mostrar se pode ficar em silêncio em meio ao som; você aprendeu como ficar sozinho e agora terá de mostrar se pode ficar sozinho e também amar. Você terá de sair das montanhas e voltar ao mundo. O teste supremo está ali.

Não há razão para isso, e gostaria de repetir: não há razão para este mundo, mas há uma rima e um ritmo... nenhuma razão, mas uma rima e um ritmo... Quando você se tornar silencioso, crie o som, e o seu silêncio ficará mais profundo devido ao som contrastante. Quando você conhecer o que é a solitude, esteja junto com pessoas, e as pessoas e a presença delas o ajudarão a conhecer muito mais profundamente sua solitude. Quando você aprender como estar sereno, dance, e a dança lhe dará o pano de fundo no qual a serenidade será gritante e muito nítida.

Não há razão para isso, mas há uma rima e um ritmo nisso. Vá ao oposto, e esse é o significado de Shiva Nataraj, de Shiva, o dançarino dos dançarinos. Ele é um buda, mas em suas atividades exteriores ele é uma pessoa do mundo.

Para o Tantra, este é o supremo: tornar-se deus e, ainda assim, ser parte deste mundo. Quando você puder voltar ao mundo com uma garrafa de vinho em sua mão, o supremo é alcançado.

O TANTRA HINDU E O TANTRA BUDISTA

Há apenas dois caminhos básicos: o caminho da devoção, da prece, do amor, e o caminho da meditação, da percepção. Essas duas abordagens básicas diferentes persistem.

A abordagem de Shiva é a da devoção, da prece, do amor, e a de Saraha é a da meditação, da percepção. Essa distinção é apenas formal, porque o amante e o meditador chegam ao mesmo objetivo. Suas flechas são lançadas de arcos diferentes, mas atingem o mesmo alvo. No final, o arco não importa; desde que o alvo seja atingido, não importa que tipo de arco você escolheu.

E estes são os dois arcos: o caminho da meditação e o caminho da devoção, porque as pessoas estão basicamente divididas no pensar e no sentir. Ou você pode abordar a realidade por meio do pensar ou por meio do sentir.

A abordagem budista, de Buda e de Saraha, é pela inteligência. Saraha basicamente se move pela mente. É claro, a mente precisa ser deixada para trás no final, mas é a *mente* que precisa ser deixada para trás. Aos poucos a mente precisa desaparecer na meditação, mas é a mente que precisa desaparecer, é o pensar que precisa ser transformado e um estado de não pensamento precisa ser criado. Mas lembre-se: é um estado de não pensamento, e ele pode ser criado apenas ao abandonar os pensamentos lentamente, pouco a pouco. Então todo o trabalho é feito sobre a parte pensante.

A abordagem de Shiva é aquela do sentir, do coração. O sentimento precisa ser transformado, o amor precisa ser transformado, de tal modo que se torne um estado de prece. No caminho de Shiva o devoto e a deidade permanecem mas no ponto culminante eles desaparecem um no outro. Preste bastante atenção: quando o Tantra de Shiva chega a seu orgasmo supremo, o "eu" se dissolve no "tu", e o "tu" se dissolve no "eu". Eles ficam juntos, tornam-se uma só unidade.

Quando o Tantra de Saraha chega a seu ponto culminante, o reconhecimento é o de que nem você está certo, nem você é verdadeiro, nem você existe nem eu; ambos desaparecem. Há dois zeros se encontrando, não "eu" e "tu", mas nem "eu" nem "tu". Dois zeros, dois espaços vazios se dissolvem um no outro. Porque todo o esforço do caminho de Saraha é o de como dissolver o pensamento, e o "eu" e o "tu" são parte do pensamento.

Quando o pensamento for completamente dissolvido, como você pode chamar a si mesmo de "eu"? E quem você chamará de seu Deus? Deus é parte do pensamento, é uma criação do pensamento, uma elaboração do pensamento, uma elaboração da mente. Assim, todas as elaborações da mente se dissolvem e surge *shunya*, o vazio.

No caminho de Shiva você deixa de amar a forma, deixa de amar a pessoa e começa a amar toda a existência. Toda a existência se torna o seu "tu"; você se dirige para toda a existência. A possessividade é abandonada,

o ciúme é abandonado, o ódio é abandonado, tudo o que for negativo no sentimento é abandonado, e o sentimento fica cada vez mais puro. Chega um momento em que há um amor puro, e nesse momento de amor puro você se dissolve no "tu" e o "tu" se dissolve em você. Vocês também desaparecem, mas não como dois zeros, e sim como o amado desaparece no amante, e o amante desaparece no amado.

Até esse ponto os caminhos são diferentes, mas essa também é uma diferença formal. Além daí, o que importa se vocês desapareceram como um amante e um amado ou como dois zeros? O ponto básico, o ponto fundamental, é que vocês desapareceram, que nada sobra, que nenhum traço é deixado para trás. Esse desaparecimento é a iluminação.

Dessa maneira, você precisa entender: se o amor tem atrativo para você, Shiva terá atrativo para você e o *Livro dos Segredos* será sua bíblia tântrica. Se a meditação tiver atrativo para você, então Saraha terá atrativo para você. Depende de você! Ambos estão certos, ambos estão indo na mesma jornada. É sua a escolha de com quem você gostaria de viajar.

Se você puder ficar sozinho e se sentir pleno, então escolha Saraha; se não puder se sentir pleno quando está sozinho e seu estado de plenitude vier somente quando você se relaciona, então Shiva.

Essa é a diferença entre o Tantra hindu e o Tantra budista.

Saraha, o fundador do tantra budista

Você pode nem ter ouvido o nome de Saraha, mas ele é o fundador do Tantra e um dos maiores benfeitores da humanidade. Ele nasceu cerca de dois séculos depois de Buda e foi um ramo da grande árvore que começou com Gautama Buda. Um ramo se moveu de Buda para Mahakashyap, e desse para Bodhidharma, e nesse o Zen nasceu, e esse ramo ainda está repleto de flores. Um outro ramo foi de Buda a seu filho, Rahul Bhadra, e de Rahul Bhadra para Sri Kirti, e de Sri Kirti para Saraha. De Saraha ele se moveu para Nagarjuna e Tilopa; esse é o ramo tântrico da árvore plantada por Buda. Ele ainda está produzindo frutos no Tibete. O Tantra converteu o Tibete e Saraha é o seu fundador, assim como Bodhidharma é o fundador do Zen. Bodhidharma conquistou a China, a Coreia, o Japão... Saraha conquistou o Tibete.

Algumas coisas sobre a vida de Saraha. Ele nasceu em Vidarbha, que é parte do estado de Maharashtra na Índia, muito perto de Puna. Saraha nasceu quando o rei Mahapala era o governante de Maharashtra. Ele era filho de um brâmane muito instruído que estava na corte do rei e, como o pai estava na corte, cresceu ali. Ele tinha quatro irmãos, e todos eles eram grandes eruditos. Saraha era o caçula e o mais inteligente deles. Embora os quatro irmãos mais velhos fossem grandes eruditos, não se comparavam a Saraha e, quando os quatro ficaram adultos, eles se casaram. A fama de Saraha estava se espalhando por todo o país, e o rei estava encantado com ele e queria que ele se casasse com sua própria filha, mas Saraha queria renunciar a tudo, queria se tornar um *sannyasin*, um buscador.

O rei ficou ofendido e tentou persuadir Saraha a ficar, pois ele era muito belo, muito inteligente e sua fama estava se espalhando por todo o país, e foi por causa dele que a corte de Mahapala estava ficando famosa. O rei ficou preocupado e não queria que esse jovem se tornasse um *sannyasin*; ele queria protegê-lo, queria lhe dar todos os confortos possíveis, estava disposto a fazer qualquer coisa por ele, mas Saraha persistiu e a permissão teve de ser dada; ele se tornou um *sannyasin* discípulo de Sri Kirti

Sri Kirti está na linhagem direta de Buda; primeiro Gautama Buda, depois seu filho Rahul Bhadra, e então vem Sri Kirti. Houve apenas dois mestres entre Saraha e Buda; portanto, a árvore ainda devia estar muito verde, a vibração ainda devia estar muito viva. Buda tinha partido

recentemente, e o clima ainda devia estar repleto de sua fragrância.

O rei ficou chocado, porque Saraha era brâmane; se ele quisesse se tornar um *sannyasin*, deveria se tornar um *sannyasin* hindu, mas em vez disso ele escolheu um mestre budista, Sri Kirti. A primeira coisa que Sri Kirti disse a Saraha foi: "Esqueça-se de tudo sobre o Veda, toda a sua aprendizagem, toda aquela tolice". Foi difícil para Saraha, mas ele estava disposto a apostar tudo. Algo da presença de Sri Kirti o atraiu como um grande imã. Ele abandonou toda a sua aprendizagem e se tornou novamente inculto.

Esta é uma das maiores renúncias... É fácil renunciar à riqueza, é fácil renunciar a um grande reinado, mas renunciar ao conhecimento é uma das coisas mais difíceis no mundo. Em primeiro lugar, como renunciar? O conhecimento está em seu interior, você pode fugir de seu reinado, pode ir para o Himalaia, pode distribuir sua riqueza, mas como pode renunciar ao seu conhecimento? É muito doloroso tornar-se novamente ignorante; esta é a maior austeridade que existe, tornar-se novamente ignorante, tornar-se novamente inocente como uma criança. Mas Saraha estava disposto.

Anos se passaram, e, aos poucos, ele apagou tudo o que sabia e se tornou um grande meditador. Assim como começou a ficar famoso como um grande erudito, agora sua fama começou a se espalhar como um grande medi-

tador. Pessoas começaram a vir de longe apenas para terem um vislumbre desse jovem que se tornou tão inocente como uma folha fresca, como gotas de orvalho na grama ao amanhecer.

Certo dia, enquanto Saraha estava meditando, de repente teve uma visão de que havia uma mulher no mercado que seria sua mestra real. Sri Kirti apenas o tinha posto no caminho, mas o ensinamento real viria de uma mulher.

Isto precisa ser entendido: apenas o Tantra nunca foi machista. Na verdade, para entrar no Tantra você precisará da cooperação de uma mulher sábia; sem ela, você não será capaz de entrar no mundo complexo do Tantra.

Saraha teve uma visão de que uma mulher do mercado seria sua professora. Primeiro, uma mulher, e segundo, no mercado! O Tantra floresceu no mercado, no meio da vida. Ele não é uma atitude de negação, mas de completa positividade.

Saraha se levantou para partir, e Sri Kirti lhe perguntou: "Para aonde você está indo?" E ele respondeu: "Você me mostrou o caminho, tirou minha aprendizagem; você fez a metade do serviço, limpando minha lousa. Agora estou pronto para a outra metade". Com as bênçãos de Sri Kirti, que estava rindo, Saraha foi embora.

Ele chegou ao mercado e ficou surpreso por realmente encontrar a mulher que percebeu em sua visão! A mulher estava fazendo uma flecha; ela fazia arcos e flechas.

O terceiro ponto a ser lembrado sobre o Tantra é que ele diz: quanto mais culta e mais civilizada for uma pessoa, menor a possibilidade de essa pessoa ter uma transformação tântrica. Quanto menos civilizada, quanto mais primitiva, mais viva é a pessoa. Quanto mais você fica civilizado, mais fica falso e artificial. Ao ficar muito refinado, você perde suas raízes na terra, fica com medo do mundo confuso e começa a fazer pose como se não fosse do mundo. O Tantra diz que para encontrar a pessoa real você precisará ir às raízes. Os que ainda não são civilizados nem instruídos nem cultos são mais vivos, têm mais vitalidade. No mundo daqueles que ainda são primitivos, há uma possibilidade de começar a crescer; você cresceu em uma direção errada, e eles ainda não cresceram e podem escolher a direção certa; eles têm mais potencial, não têm nada para desfazer e podem agir diretamente.

Na Índia, uma mulher que faz arcos e flechas é da casta mais baixa, e para Saraha, um brâmane instruído e famoso que pertenceu à corte de um rei... ir a uma mulher que faz arcos e flechas foi simbólico. O instruído precisa ir ao vital, o falso precisa ir ao real.

Ele viu a mulher, uma mulher jovem, muito viva, radiante com a vida, experimentando uma flecha sem olhar para a direita ou para a esquerda, mas completamente absorta em fazer a flecha. Ele imediatamente sentiu algo extraordinário em sua presença, algo que nunca havia encontrado. Até seu mestre, Sri Kirti, empalideceu diante da presença dessa mulher. Algo muito fresco, da própria fonte...

Sri Kirti era um grande filósofo. Sim, ele disse a Saraha para abandonar toda a sua aprendizagem, mas ele ainda era uma pessoa instruída. Ele disse para Saraha abandonar o Veda e as outras escrituras, mas ele tinha suas próprias escrituras e seu próprio Veda. Embora ele fosse antifilosófico, sua antifilosofia era um tipo de filosofia. E aqui estava uma mulher que nem era filosófica nem antifilosófica, que simplesmente não sabia o que era filosofia, que estava simplesmente muito feliz com sua ignorância em relação ao mundo da filosofia, ao mundo do pensamento. Ela era uma mulher de ação e estava completamente absorta em sua ação.

Saraha a observou cuidadosamente: a flecha estava pronta, a mulher fechando um olho e

abrindo o outro, assumindo a postura de mirar um alvo invisível. Saraha chegou ainda mais perto. Não havia alvo, e ela estava simplesmente pousando com um olho fechado e o outro aberto mirando um alvo desconhecido, invisível; não havia nada ali. Saraha começou a sentir alguma mensagem; ele sentiu que essa postura era simbólica, mas ainda assim seu significado estava vago. Ele pôde sentir algo ali, mas não conseguiu descobrir o que era.

Ele perguntou à mulher se ela fazia arcos e flechas profissionalmente, e a mulher deu uma risada, uma risada selvagem, e disse: "Seu brâmane estúpido! Você deixou o Veda, mas agora está adorando os dizeres de Buda. Então qual é o sentido? Você mudou de livros, mudou sua filosofia, mas permanece o mesmo homem estúpido"

Saraha ficou chocado; ninguém jamais havia falado com ele daquela maneira; apenas uma mulher inculta poderia falar daquela maneira. E o modo como ela riu era muito pouco civilizado, muito primitivo, mas muito vivo. Ele estava se sentindo atraído; ela era um grande imã e ele era um pedaço de ferro. Então ela disse: "Você acha que é um budista?" Ele devia estar usando a túnica de um monge budista, de cor laranja. Ela riu novamente e disse: "O significado de Buda pode ser conhecido apenas por meio da ação, e não por meio de palavras e de livros.

Você já não está no ponto de dar um basta? Você já não está saturado de tudo isso? Não desperdice mais tempo nessa busca inútil. Venha e me siga!"

E algo aconteceu, algo como uma comunhão. Saraha nunca havia se sentido assim antes. Naquele momento, o significado espiritual do que ela estava fazendo se revelou a ele. Ele a viu sem olhar para a esquerda nem para a direita, mas exatamente no meio. Pela primeira vez ele entendeu o que Buda quis dizer com estar no meio, evitando os extremos. Primeiro ele tinha sido um filósofo, agora ele se tornou um antifilósofo, indo de um extremo a outro. Primeiro ele estava venerando uma coisa, e agora estava venerando justamente o oposto, mas a veneração continuava.

Você pode se mover da esquerda para a direita, da direita para a esquerda, mas isso não irá ajudar. Você será como um pêndulo, movendo-se da esquerda para a direita, da direita para a esquerda... Você observou isto? Quando o pêndulo está indo para a direita, ganha impulso para ir para a esquerda; quando ele está indo para a esquerda, novamente ganha impulso para ir para a direita, e o relógio segue em frente, e o mundo segue em frente.

Estar no meio significa o pêndulo ficar pendurado bem no meio, sem ir para a direita nem para a esquerda. Então, o relógio para, o mundo para, não há mais tempo e surge o estado de não tempo. Saraha havia ouvido muitas vezes Sri Kirti dizer isso; ele havia lido a respeito disso, ponderado sobre isso, bem como contemplado isso; havia argumentado com outros sobre o fato de que estar no meio é o certo, mas pela primeira vez ele viu isso em ação. A mulher não estava olhando para a direita nem para a esquerda, mas olhando exatamente no meio, focada no meio.

O meio é o ponto a partir do qual a transcendência acontece. Pense a respeito, contemple isso, observe isso na vida. Uma pessoa correndo atrás de dinheiro é louca, louca por dinheiro; o dinheiro é o seu único deus. Um dia ou outro o deus fracassa, e isso é inevitável. O dinheiro não pode ser o deus; ele era a sua ilusão, você estava projetando. Um dia você chega ao ponto em que percebe que não há nenhum deus no dinheiro, que não há nada nele e que você desperdiçou a sua vida. Então você se volta contra ele e toma a atitude oposta, passando a ser contra o dinheiro e nem mesmo tocando em dinheiro. Mas você está obcecado nas duas atitudes. Agora você é *contra* o dinheiro, mas a obsessão permanece. Você se moveu da esquerda para a direita, mas o dinheiro ainda está no centro de sua consciência.

Você pode mudar de um desejo a outro, era muito mundano e agora se torna espiritual, mas *você* permanece o mesmo, a doença persiste.

Buda diz que ser mundano é ser mundano, e que ser espiritual também é ser mundano; venerar o dinheiro é ser louco, e ser contra o dinheiro é ser louco; procurar o poder é tolice, e fugir dele também o é.

Estar no meio é sabedoria, e pela primeira vez Saraha viu isso na prática, e nem mesmo o viu em Sri Kirti. E a mulher estava certa; ela disse: "Você pode aprender apenas por meio da ação". Ela estava tão completamente absorta que nem olhou para Saraha, que estava ali em pé, observando-a. Ela estava completamente absorta, estava totalmente na ação.

Esta é novamente uma mensagem budista: ser total na ação é estar livre da ação. O carma é criado porque você não está totalmente em seus atos; se você estiver totalmente na ação, ela não deixará marcas.

Faça qualquer coisa com totalidade, e ela estará terminada, e você não carregará a sua memória psicológica. Faça qualquer coisa de uma maneira incompleta, e ela ficará pendurada em você, seguindo em frente... ela se torna uma ressaca. A mente quer continuar, quer fazê-la e completá-la, tem uma grande tentação de completar coisas. Complete qualquer coisa, e a mente se vai; se você continuar a fazer as coisas com totalidade, um dia subitamente descobrirá que a mente não está presente.

A mente é o passado acumulado de todas as ações incompletas. Você queria amar uma mulher e não amou, e agora a mulher está morta; você queria ir a seu pai e pedir perdão por tudo o que você fez, por tudo o que fez que o deixou magoado, mas agora ele está morto. Agora a ressaca ficará com você como um fantasma, agora você é impotente. O que fazer, a quem ir, como pedir perdão? Você queria ser gentil com um amigo mas não pôde porque você se fechou, e agora o amigo deixou de ser amigo e isso o magoa; você começa a se sentir culpado e se arrepende. E dessa maneira as coisas seguem em frente.

Faça qualquer ação com totalidade e você se livra dela e não olha para trás, pois não há nada para ver. Você não tem ressacas e simplesmente segue em frente. Seus olhos estão limpos co passado, sua visão não está anuviada. Nessa clareza, a pessoa vem a saber o que é a realidade.

Você está tão preocupado... com todas as suas ações incompletas. Você é como um depósito de lixo, uma coisa incompleta aqui, uma outra incompleta ali... nada está completo Você observou isso? Você já completou alguma coisa, ou tudo está simplesmente incompleto? Nós insistimos em deixar de lado uma coisa e começamos uma outra, e antes que essa seja completa, começamos uma terceira. Ficamos com um fardo cada vez maior, e carma é isso. Carma significa ação incompleta.

Seja total e estará livre.

A mulher que fazia arcos e flechas estava totalmente absorta, e foi por isso que ela parecia tão luminosa, tão bela. Ela era uma mulher comum, mas sua beleza não era deste mundo. A beleza vinha de sua absorção total na ação; a beleza vinha porque ela não era extremista; a beleza vinha porque ela estava no meio, equilibrada. Do equilíbrio vem a graça.

Pela primeira vez Saraha encontrou uma mulher que não era bonita apenas fisicamente, mas que também era bela espiritualmente, totalmente absorta, absorta em tudo o que fazia. Pela primeira vez ele entendeu: meditação é isso! Não que você se senta por um período especial de tempo e repete um mantra, não que você vá a uma igreja, a um templo ou a uma mesquita, mas você está na vida... Fazendo coisas triviais, mas tão absorto que a profundidade é revelada em cada ação. Pela primeira vez ele entendeu o que é meditação; ele havia meditado, lutando arduamente, mas pela primeira vez a meditação estava ali à sua frente, viva. Ele pôde senti-la, pôde tocá-la; ela era praticamente tangível.

Fechar um olho e abrir um outro é um símbolo, um símbolo budista. Buda disse, e agora os psicólogos concordarão com ele... Após 2.500 anos a psicologia chegou ao mesmo entendimento que Buda teve há muito tempo. Buda disse que metade do cérebro raciocina e que a outra metade intui. O cérebro é dividido em duas partes, em dois hemisférios. O lado

> *Faça qualquer ação com totalidade e você se livra dela e não olha para trás, pois não há nada para ver.*

esquerdo mantém a faculdade da razão, da lógica, do pensamento discursivo, da análise, da filosofia, da teologia... palavras e mais palavras, argumentos, silogismos e inferências; o lado esquerdo do cérebro é aristotélico. O lado direito é intuitivo, poético: dele vem a inspiração, a visão, a consciência a priori, o conhecimento da razão, da lógica. E ela abriu o outro olho simbólico do amor, da intuição, da percepção.

Então ele percebeu algo sobre sua postura; ao mirar o desconhecido e o invisível estamos na jornada que leva a conhecer o desconhecido, que leva a conhecer aquilo que não pode ser conhecido. Este é o conhecimento real:

mento a priori. Não que você argumente, mas simplesmente você sabe; não que você infira, mas simplesmente se dá conta. Este é o significado do conhecimento a priori: ele está simplesmente ali. A verdade é conhecida pelo lado direito do cérebro; a verdade é inferida pelo lado esquerdo. Inferência é apenas inferência, e não experiência.

Subitamente Sarana percebeu que a mulher fechou um olho como símbolo de fechar o olho conhecer aquilo que não pode ser conhecido, perceber aquilo que não pode ser percebido, atingir aquilo que não pode ser atingido. Essa paixão impossível é que faz uma pessoa ser uma buscadora espiritual.

Sim, é impossível, mas por "impossível" não quero dizer que não acontecerá, mas que não pode acontecer a menos que você esteja completamente transformado. Como você é, não pode acontecer, mas há diferentes maneiras de ser, e você pode ser totalmente novo, e então acontece. É possível para um tipo diferente de ser humano, e é por isso que Jesus diz que, a menos que você nasça de novo, não o conhecerá. Um novo ser humano o conhecerá.

Como você é, você tem de desaparecer, e então o novo nasce, uma nova consciência entra em cena, pois há algo indestrutível em você, que não pode ser destruído, que ninguém pode destruir. Somente o destrutível será destruído, e o indestrutível estará presente. Quando você atinge esse elemento indestrutível em seu ser, essa percepção eterna em seu ser, você é uma nova consciência. Por meio dessa consciência o impossível é possível, o inatingível é atingido.

Assim, Saraha notou a postura da mulher, mirando o desconhecido, o invisível, o incognoscível, o uno, e esse é o alvo. Como ser uno com a existência? O não dual é o alvo, no qual o sujeito e o objeto desaparecem, no qual o eu e o tu desaparecem.

Há um grande livro de Martin Buber, *Eu e tu*. Martin Buber diz que a experiência da prece é uma experiência "eu-tu", e ele está certo. A experiência da prece é uma experiência "eu-tu". Deus é o "tu", e você permanece um "eu"; você tem um diálogo, uma comunhão com o "tu". Mas o budismo não tem prece em si, ele se eleva acima da prece. Ele diz que mesmo quando há um relacionamento eu-tu, vocês permanecem divididos, separados, e podem gritar um para o outro, mas não haverá comunhão. A comunhão acontece somente quando a divisão eu-tu deixa de existir, quando o sujeito e objeto desaparecem, quando não há nenhum "eu" e nenhum "tu", nenhum buscador e nenhum buscado... quando há unidade, uníssono.

Saraha disse a ela: "Você não é uma mulher comum. Sinto muito por ter pensado assim; perdoe-me, lamento imensamente. Você é uma grande mestra e renasci por meio de você. Até ontem eu não era um brâmane real, mas a partir de hoje sou. Você é minha mestra, minha mãe, deu-me um novo nascimento. Não sou mais o mesmo".

A mulher que fazia arcos e flechas o aceitou; ela estava esperando Saraha vir. Eles se mudaram para um terreno de cremação e começaram a viver juntos.

Por que para um terreno de cremação? Porque, a menos que você entenda a morte, não será capaz de entender a vida; a menos que você morra, não renascerá. Após Saraha, muitos discípulos do Tantra viveram em terrenos de cremação, pois ele foi o fundador e viveu

em um. Cadáveres eram trazidos e queimados, e ele vivia ali, aquele era o seu lar. Ele morou com essa mulher que fazia arcos e flechas, eles viveram juntos. Houve um grande amor entre os dois, não o amor de uma mulher e de um homem, mas o amor de uma mestra e de um discípulo, que certamente é mais elevado do que possa alcançar qualquer amor homem-mulher. O amor deles era mais íntimo, certamente mais íntimo, porque um caso de amor entre um homem e uma mulher é apenas de corpos; no máximo, às vezes ele engloba a mente, mas fora isso permanece no corpo. Mas discípulo e mestre... trata-se de um caso de amor de almas. Saraha encontrou sua alma gêmea; eles tinham um imenso amor entre si, um grande amor que raramente acontece sobre a terra. Ela lhe ensinou o Tantra.

Apenas uma mulher pode ensinar o Tantra. Às vezes um homem também pode ser um professor tântrico, mas então terá de se tornar mais feminino. Uma mulher já é feminina, já tem estas qualidades amorosas e afetivas, tem naturalmente esse cuidado, esse amor, essa suavidade. Saraha se tornou um tântrico sob a orientação dessa mulher que fazia arcos e flechas, e então ele não meditava mais. Um dia ele deixou para trás todo o Veda, as escrituras, o conhecimento, e depois deixou para trás até mesmo a meditação. Rumores começaram a se espalhar por todo o país: "Ele não medita mais; ele canta, é claro também dança, mas não faz nenhuma meditação". Então o cantar era sua meditação, o dançar era sua meditação, a celebração era todo o seu estilo de vida.

Viver em um terreno de cremação e celebrar? Viver onde apenas a morte acontece e viver alegremente? Esta é a beleza do Tantra: ele une os opostos, os contrários, os contraditórios. Se você for a um terreno de cremação, ficará triste; será difícil ficar alegre, muito difícil cantar e dançar onde as pessoas estão sendo cremadas e seus amigos e parentes estão chorando e se lamentando. A cada dia mortes e mais mortes; dia e noite, morte. Como você pode festejar?

Mas, se você não puder festejar ali, então tudo o que você acha que é sua alegria é apenas uma crença fabricada. Se você puder festejar ali, então a alegria *realmente* aconteceu a você; agora ela é incondicional, agora não faz nenhuma diferença se a morte acontece ou se a vida acontece, se alguém está nascendo ou se alguém está morrendo.

Saraha começou a cantar e a dançar; ele deixou de ser sério, pois o Tantra não é sério, mas brincalhão. Sim, ele é sincero, mas não sério; ele é muito alegre, e o divertimento entrou no ser de Saraha. O Tantra é divertimento, pois é uma forma altamente evoluída de amor. Amor é divertimento.

Existem pessoas que nem mesmo gostam que o amor seja divertido. Muitas religiões dizem que você deveria fazer amor apenas quando quiser se reproduzir. Até o amor elas transformam em trabalho, ou seja, "reprodução". Isso é simplesmente feio! Fazer amor apenas quando você quer se reproduzir? A mulher é uma fábrica? "Reprodução"... a própria palavra é feia. O amor é diversão! Faça amor quando você estiver se sentindo feliz, alegre, quando estiver no topo do mundo. Compartilhe essa energia, ame seu parceiro quando você tiver essa qualidade da dança, da canção, da alegria, e não para reprodução! A palavra "reprodução" é obscena! Faça amor a partir da alegria, da alegria abundante. Dê quando você tiver.

A diversão entrou no ser de Saraha. Um amante sempre tem um espírito de diversão, e, no momento em que esse espírito morre, vocês se tornam marido e mulher e deixam de ser amantes e, então, vocês "se reproduzem". E, no momento em que vocês se tornam marido e mulher, algo belo morreu. O contato entre vocês não é mais vivo, a seiva não flui mais e agora é apenas um fingimento, uma hipocrisia.

A diversão entrou no ser de Saraha, e pela diversão nasceu a verdadeira religião. Seu êxtase era tão contagiante que pessoas começaram a ir para observá-lo dançar e cantar. E, quando pessoas iam observar, elas também começavam

---

RAHUL SE TORNOU SARAHA.

O nome original de Saraha era Rahul, o nome dado por seu pai. A mulher que fazia arcos e flechas o chamou de Saraha. Saraha é uma bela palavra, ela significa "aquele que lançou a flecha". No momento em que ele reconheceu o significado das ações da mulher, daqueles gestos simbólicos, no momento em que ele pôde ler e decodificar o que a mulher estava tentando lhe dar, o que a mulher estava tentando lhe mostrar, ela ficou imensamente feliz. Ela dançou e disse: "Agora, a partir de hoje, você será chamado de Saraha, pois você lançou a flecha. Ao entender o significado de minhas ações, você penetrou na verdade".

O Tantra é divertimento, pois é uma forma altamente evoluída de amor. Amor é divertimento.

a dançar e a cantar com ele. O terreno de cremação se tornou um lugar de grande celebração. Sim, corpos ainda eram queimados, porém cada vez mais pessoas começaram a se juntar à volta de Saraha e da mulher que fazia arcos e flechas, e muita alegria foi criada naquele terreno de cremação.

Aquilo se tornou tão contagioso que pessoas que nunca haviam ouvido falar sobre o êxtase iam, dançavam, cantavam e sentiam êxtase. A própria vibração dele, sua própria presença, ficou tão potente que bastava alguém estar disposto a participar com ele que acontecia... tratava-se de um alto contato. Ele estava tão ébrio que sua embriaguez começava a transbordar para outras pessoas; ele estava tão "chapado" que outras pessoas começavam a ficar cada vez mais "chapadas".

Mas então o inevitável aconteceu: os brâmanes, os sacerdotes, os eruditos e as pessoas honradas começaram a difamá-lo e a injuriá-lo. Digo inevitável porque sempre que há alguém como Saraha, os eruditos, os sacerdotes, os pretensos moralistas, os puritanos e as pessoas que se autodenominam honradas serão contra ele. Eles começaram a espalhar rumores absolutamente sem fundamento sobre ele, começaram a dizer às pessoas: "Ele perdeu as virtudes que tinha, é um pervertido, não é mais um brâmane, desistiu de seu celibato e nem é mais um monge budista, entregando-se a práticas vergonhosas com uma mulher de casta baixa, e fica correndo para lá e para cá como um cachorro louco". Para eles, seu êxtase lembrava um cachorro louco; tudo depende de como você interpreta as coisas. Ele dançava por todo o terreno de cremação... Ele era louco, mas não um cachorro louco, e sim um deus louco! Depende de como você percebe a coisa.

O rei ficou ansioso para saber exatamente o que estava acontecendo, e cada vez mais pessoas iam a ele... Elas sabiam que o rei sempre teve um grande respeito por Saraha, que desejou indicá-lo como seu conselheiro na corte, mas Saraha havia renunciado ao mundo. O rei estava preocupado, pois amava o jovem e também o respeitava. Então ele enviou algumas pessoas para persuadir Saraha: "Volte para suas velhas maneiras, você é um brâmane, seu pai foi um grande erudito e você próprio foi um grande erudito. O que você está fazendo? Você se extraviou. Volte para casa, o rei ainda está lá e quer que você volte para o palácio e faça parte de sua família. O que você está fazendo não está certo".

Conta-se que Saraha cantou 160 versos para essas pessoas que haviam ido convertê-lo, e, ao escutarem esses versos, elas começaram a dançar e nunca mais voltaram! Então o rei ficou ainda mais preocupado.

Mas a rainha também sempre havia se interessado pelo jovem e queria que ele se casasse com sua filha, então ela foi lá. Saraha cantou 80 versos para a rainha... e ela nunca voltou. E então o rei ficou *realmente* perplexo: "O que está acontecendo?" Finalmente o próprio rei foi ao terreno de cremação, e Saraha cantou 40 versos para ele, e o rei começou a dançar no terreno de cremação como um cachorro louco.

Dessa maneira, há três escrituras disponíveis em nome de Saraha: a primeira, A Canção do Povo, com 160 versos; a segunda, A Canção da Rainha, com 80 versos; e finalmente A Canção Régia. Houve 160 versos para as pessoas porque o entendimento delas não era grande; 80 versos para a rainha porque ela era um pouco mais elevada, seu entendimento era um pouco mais profundo; e 40 versos para o rei porque ele era realmente inteligente, uma pessoa de consciência e de entendimento.

Porque o rei foi convertido, aos poucos todo o país foi convertido. E nas velhas escrituras se diz que chegou uma época em que todo o país ficou vazio. Vazio? Essa é uma palavra budista que significa que as pessoas se tornaram ninguém, que perderam suas viagens de ego e começaram a desfrutar o momento. A grande atividade e a violência competitiva desapareceram do país, e ele se tornou um país silencioso, se tornou vazio... como se ninguém estivesse nele. As "pessoas" como tais desapareceram, e uma grande divindade desceu sobre o país. Esses versos de Saraha estavam na raiz disso, foram a própria fonte disso.

a canção régia de Saraha

Preste atenção a estes belos versos de Saraha:

*Embora as lamparinas da casa tenham sido acessas,
o cego vive no escuro.
Embora a espontaneidade abranja tudo e esteja próxima,
para o iludido ela permanece sempre distante.*

Ele diz: Olhe! Eu me iluminei. Embora as lamparinas da casa tenham sido acessas... minha essência não é mais escura. Veja! Há muita luz em mim, minha alma está desperta, não sou mais o mesmo Rahul que você conheceu. Sou Saraha, minha flecha atingiu o alvo.

Embora as lamparinas da casa tenham sido acessas, o cego vive no escuro.

Mas o que posso fazer?, Saraha pergunta. Se alguém é cego, mesmo quando as lamparinas da casa estão acessas ele continua a viver na escuridão. Não que estejam faltando lamparinas, mas seus olhos estão fechados. Assim, não escute os cegos e simplesmente abra os olhos e olhe para mim, veja-me. Veja a pessoa diante de você, a quem você está se confrontando. O cego vive no escuro, embora as lamparinas da casa tenham sido acessas.

Embora a espontaneidade abranja tudo e esteja próxima...

E estou tão próximo de você... a espontaneidade está tão próxima de você que você já pode tocá-la, comê-la e bebê-la. Você pode dançar comigo e entrar no êxtase comigo. Estou tão próximo... você pode não encontrar novamente a espontaneidade tão próxima!

...para o iludido ela permanece sempre distante.

Eles falam da iluminação, leem os sutras de Patanjali, conversam sobre grandes coisas, mas sempre que essa grande coisa acontece, são contrários a ela.

Isto é algo muito estranho sobre o ser humano; o ser humano é um animal muito estranho. Você pode apreciar Buda, mas, se Buda vier e ficar à sua frente, você absolutamente não será capaz de apreciá-lo e poderá ir contra ele, poderá se tornar seu inimigo. Por quê?

Quando você lê um livro sobre Buda, tudo está bem, o livro está em suas mãos. Quando um buda vivo precisa ser confrontado, ele não está em suas mãos e você está caindo nas mãos dele. Daí o medo, a resistência, e a pessoa quer fugir. E a melhor maneira de fugir é se

tantra: o encontro da terra com o céu

convencer de que ele está errado, de que algo está errado com ele. Esta é a única maneira de fugir: você poder provar para si mesmo que ele está errado. E você pode encontrar mil e uma coisas em um buda que parecem erradas, porque você está olhando de soslaio, é cego e sua mente está tumultuada. Você pode projetar qualquer coisa.

Ora, esse homem atingiu o estado búdico, e todo mundo está falando sobre a mulher de casta baixa. Eles não olharam para a realidade da mulher e estão apenas pensando no fato de ser alguém que faz arcos e flechas, de ser da casta baixa, uma *sudra*, uma intocável. Como um brâmane pode tocar uma mulher intocável? Como um brâmane pode v ver ali? Eles ouviram dizer que a mulher cozinha para ele, e isso é um grande pecado, uma grande falta, um brâmane comendo comida feita por uma *sudra*, por alguém que ninguém deve tocar, uma mulher da casta baixa!

E por que um brâmane deveria viver em um terreno de cremação? Os brâmanes vivem em templos, em palácios como parte da corte. Por que em um terreno de cremação? Um lugar sujo, com crânios e cadáveres por todo lado. Isso é perversão!

Não escute os cegos e simplesmente abra os olhos e olhe para mim, veja-me.

Mas eles não consideraram o fato de que, a menos que você entenda a morte, nunca será capaz de entender a vida. Quando você investigou profundamente a morte e descobriu que a vida nunca morre, quando investigou e penetrou profundamente na morte e descobriu que a vida continua mesmo após a morte, que a morte não faz nenhuma diferença, que a morte é irrelevante...

As pessoas nada sabem sobre a vida; a vida é eterna, é atemporal. Apenas corpos morrem; portanto, somente o morto morre, e o vivo continua.

Para ter esse entendimento, a pessoa precisa entrar em um profundo experimento, mas aquelas pessoas não consideraram isso. Elas ouviram dizer que Saraha estava participando de práticas estranhas, devem ter bisbilhotado e exagerado, e as conversas perderam contato com a realidade e todos devem ter multiplicado o boato.

E há muitas práticas tântricas que podem ser alvo de boatos! No Tantra, o homem se senta em frente da mulher nua e precisa observá-la muito profundamente, a ponto de todo o desejo de olhar para uma mulher sem roupa desapareça; então o homem fica livre da forma. Ora, essa é uma grande técnica secreta; do contrário, você fica continuamente vendo a mulher em sua mente. Você gostaria de despir toda mulher que passa na rua; haverá essa vontade.

E de repente você vê Saraha sentado diante de uma mulher sem roupa... Como você interpretará isso? Você interpretará de acordo consigo mesmo e dirá: "Ele está fazendo o que sempre quisemos fazer, mas nós não o fizemos, então somos melhores do que ele. Pelo menos não estamos fazendo isso. É claro que às vezes

fantasiamos, mas isso está apenas no pensamento, e não na realidade. Ele decaiu". Você não perderia a oportunidade para fazer fofocas sobre isso.

Mas o que Saraha está realmente fazendo? Esta é uma ciência secreta: ao observar por meses seguidos, o tântrico meditará sobre o corpo da mulher, sobre sua forma, sobre sua beleza. Ele olhará tudo, tudo o que quiser olhar. Os seios têm algum atrativo? Ele olhará e meditará sobre os seios; ele precisa se livrar da forma, e a única maneira de se livrar da forma é conhecê-la tão profundamente que ela deixa de ter atração.

Ora, está acontecendo algo justamente oposto ao que os boatos estão dizendo. Saraha está indo além, e nunca mais vai querer desejar uma mulher, nem mesmo em sua mente, nem mesmo em sonho; essa obsessão deixará de existir. Mas a multidão, a massa, tem suas próprias ideias. Ignorantes e inconscientes, pessoas continuam a falar sobre coisas que não entendem.

Embora a espontaneidade abranja tudo e esteja próxima,
para o iludido ela permanece sempre distante.
Embora possa haver muitos rios, eles são um no mar,
embora possa haver muitas mentiras, uma verdade conquistará todas.
Quando um sol aparece, a escuridão,
não importa quão profunda, se desvanece.

Saraha diz: Simplesmente olhe para mim; o sol se ergueu. Então eu sei, não importa quão profunda seja sua escuridão, ela também se desvanecerá. Olhe para mim, a verdade nasceu em mim! Você pode ter ouvido mil mentiras sobre mim, mas uma verdade as conquistará todas.

Embora possa haver muitos rios, eles são um no mar.

Simplesmente se aproxime de mim, deixe que seu rio mergulhe em meu oceano e você terá meu sabor.

Embora possa haver muitas mentiras, uma verdade conquistará todas.

A verdade é uma só, e apenas as mentiras são muitas, apenas as mentiras *podem ser* muitas; a verdade não pode ser muitas. A saúde é uma só, as doenças são muitas. Uma saúde conquista todas as doenças e uma verdade conquista todas as mentiras.

Quando um sol aparece, a escuridão, não importa quão profunda, se desvanece.

Nesses quatro versos, Saraha convidou o rei a entrar em seu ser interior, ele abriu seu coração. E ele diz: Não estou aqui para convencê-lo logicamente, mas para convencê-lo existencialmente. Não darei nenhuma prova e não direi nada em minha defesa. O coração está aberto; entre e perceba o que aconteceu. Tão próxima está a espontaneidade, tão próximo está Deus, tão próxima está a verdade. O sol se ergueu, abra os olhos!

Lembre-se: um místico não tem nenhuma prova. Pela própria natureza das coisas, ele não pode ter nenhuma prova, e ele é a única prova... Assim, tudo o que ele pode fazer é despir seu coração para você.

Esses versos, essas canções de Saraha, precisam ser profundamente meditados. Cada canção pode se tornar a abertura de uma flor

Você está focado na nuvem e se esqueceu do céu.

em seu coração. O rei foi liberto, e da mesma maneira você pode ser. Saraha penetrou no alvo, e você também pode penetrar no alvo, também pode se tornar um Saraha, aquele cuja flecha é lançada.

Como uma nuvem que se ergue do mar, sugando a chuva a terra a abraça. Assim como o céu, o mar permanece sem aumentar ou diminuir.

Ele está dizendo ao rei: Olhe para o céu. Existem dois fenômenos: o céu e a nuvem. A nuvem vem e vai, e o céu nunca vem e nunca vai. Às vezes a nuvem está ali e às vezes não está; ela é um fenômeno do tempo, é momentânea. E o céu está sempre ali, é um fenômeno atemporal, é eternidade. As nuvens não podem corrompê-lo, nem mesmo as nuvens escuras podem corrompê-lo; não há possibilidade de corrompê-lo, pois sua pureza é absoluta, é intocável, é sempre virgem; não há como violá-la. As nuvens podem vir e ir embora e fazem isso o tempo todo, mas o céu é tão puro como sempre, e nenhum traço é deixado para trás.

Dessa maneira, existem duas coisas na existência: uma é como o céu, e a outra é como a nuvem. Suas ações são como a nuvem, vêm e vão. Você? Você é como o céu: você nunca vem e nunca vai. Seu nascimento e sua morte são como as nuvens, eles *acontecem*. Você? Você nunca acontece e *sempre* está presente. Coisas acontecem *em* você, e *você* nunca acontece.

Coisas acontecem como nuvens acontecem no céu. Você é o silencioso observador de toda a brincadeira das nuvens. Às vezes elas são brancas e belas e às vezes escuras, lúgubres e feias, às vezes estão repletas de chuva e às vezes são simplesmente vazias, às vezes

fazem grandes benefícios à terra e às vezes grandes danos, às vezes trazem enchentes e destruição e às vezes trazem vida, mais verdor e mais colheitas. Mas o céu permanece sempre o mesmo; boas ou ruins, divinas ou demoníacas, as nuvens não corrompem o céu.

Ações são nuvens, os afazeres são nuvens. O ser é como o céu.

Saraha está dizendo: Olhe para o meu céu! Não olhe para as minhas ações. Isso precisa de uma mudança de percepção e nada mais, apenas uma mudança de percepção, uma mudança de *gestalt*. Você está olhando para a nuvem, está focado na nuvem e se esqueceu do céu. Então, subitamente, você se embra do céu, abandona seu foco na nuvem e se foca no céu. Então a nuvem é irrelevante, e você está em uma dimensão totalmente diferente.

Apenas uma mudança de foco... e o mundo fica diferente. Quando você observa o comportamento de uma pessoa, está focado na nuvem; quando observa a pureza mais íntima do ser da pessoa, está observando o céu. Se você observar a pureza mais íntima, não perceberá ninguém como mau, e então toda a existência é sagrada. Se você perceber as ações, não poderá perceber ninguém como sagrado. No que se refere às ações, mesmo a pessoa mais sagrada é propensa a cometer muitos enganos. Se você observar as ações, poderá encontrar ações erradas em Jesus, em Buda, em Mahavira, em Krishna, em Rama... Então até mesmo o maior dos santos parecerá um pecador.

Existem muitos livros escritos sobre Jesus, ele é objeto de milhares de estudos. Muitos estão a seu favor, tentando provar que ele é o filho único de Deus, e, é claro, eles podem provar isso. E há muitos livros escritos para provar que ele é apenas um neurótico e nada mais, e eles também podem provar isso. E todos estão falando sobre a mesma pessoa! O que está acontecendo, como eles conseguem? Uma parte escolhe as nuvens brancas e uma outra parte escolhe as escuras, e ambas existem, porque nenhuma ação pode ser apenas branca ou apenas escura. Para ser, ela precisa ser ambas.

Qualquer coisa que você faça trará algum bem ao mundo e trará algum mal ao mundo, não importa o que você faça. Na própria escolha de fazer algo, muitas coisas serão boas e muitas coisas serão erradas após essa escolha. Pense em qualquer ação: você dá dinheiro a um mendigo e está fazendo um bem, mas o mendigo então compra algum veneno com o seu dinheiro e se suicida. Ora, a sua intenção foi boa, mas o resultado total é ruim. Você ajuda um homem, ele está enfermo, você o serve, leva-o ao hospital; então ele sara, fica bem e assassina alguém. Ora, sem a sua ajuda haveria um assassinato a menos no mundo. Sua intenção foi boa, mas o resultado total é ruim.

Nós julgamos pela intenção ou pelo resultado? E quem sabe sobre a sua intenção? A intenção é interior... talvez no fundo você estivesse esperando que quando esse homem ficasse saudável ele assassinasse alguém.

E às vezes acontece de sua intenção ser ruim e o resultado ser bom. Você joga uma pedra em alguém, e ele sofria de enxaqueca por muitos anos, e a pedra atingiu a sua cabeça, e desde então a enxaqueca desapareceu. Agora o que fazer? O que dizer sobre o seu ato? Ele foi moral ou imoral? Você queria matar a pessoa, mas conseguiu apenas matar sua enxaqueca.

Foi assim que nasceu a acupuntura. Uma ciência tão notável, tão benéfica, um dos maiores desenvolvimentos da humanidade, mas ela nasceu dessa maneira. Um homem sofria há anos de dor de cabeça, e alguém, seu inimigo, queria matá-lo. Escondido atrás de uma árvore, o inimigo lançou uma flecha, e esta atingiu a perna do homem e ele caiu... mas sua dor de cabeça desapareceu. As pessoas que cuidaram dele, os médicos da cidade, ficaram muito interessados em saber como aquilo aconteceu e começaram a investigar; por coincidência a flecha atingiu um ponto de acupuntura na perna e mudou o fluxo elétrico interno da energia corporal da pessoa. E, porque o fluxo elétrico interno mudou, sua dor de cabeça desapareceu.

E por isso que ao ir a um especialista em acupuntura com uma dor de cabeça, ele pode nem tocar sua cabeça. Ele pode começar a pressionar seu pé ou sua mão ou pode colocar agulhas em sua mão ou em suas costas. E você ficará surpreso: "O que você está fazendo? O problema está na minha cabeça, e não nas minhas costas." Mas ele sabe melhor do que você; todo o corpo é um fenômeno elétrico interconectado, há centenas de pontos, e ele sabe onde estimular a energia para mudar o fluxo. Tudo está interconectado.

Mas foi assim que a acupuntura nasceu. Ora, a pessoa que lançou a flecha em seu inimigo foi um grande santo ou um grande pecador? Difícil dizer, muito difícil dizer; se você olhar para as ações, então cabe a você decidir. Você pode escolher as ações boas ou as más. Na realidade global, cada ato traz algo bom e algo ruim.

Na verdade, este é o meu entendimento, reflita sobre ele: em tudo o que você fizer, a bondade e a maldade do seu ato estão sempre na mesma proporção. Deixe-me repetir: estão sempre na mesma proporção, pois o bom e o ruim são dois aspectos da mesma moeda. Você pode fazer algo bom, mas algo mau fatalmente acontece, pois onde o outro aspecto irá? Você pode fazer algo ruim, mas algo bom fatalmente acontece, pois onde o outro aspecto irá? A moeda existe com ambos os aspectos juntos; um único aspecto não pode existir sozinho.

Os pecadores às vezes são benéficos, e os santos às vezes são muito nocivos. Santos e pecadores estão ambos no mesmo barco! Uma vez que você entenda isso, então uma mudança é possível, então você não olha para as ações. Se a proporção é a mesma se você fizer o bem ou o mal, qual é o sentido de julgar uma pessoa pelas suas ações? Então mude toda a ênfase, mova-se para uma outra *gestalt*, o céu.

É isto que Saraha está dizendo ao rei: Você está certo! Pessoas lhe disseram essas coisas e elas não estão erradas. Eu corro como um cachorro louco! Sim, se você observar apenas a ação, será desencaminhado e não será capaz de me entender. Observe meu céu interior, observe minha prioridade interior, minha essência; essa é a única maneira de perceber a verdade. Sim, vivo com essa mulher, e todos acham que esse é um viver comum e, portanto, acham que o entendem, mas observe! Esse não é um viver comum, pois absolutamente não existe um relacionamento homem-mulher, e esse convívio nada tem a ver com sexualidade. Vivemos juntos como dois espaços, como duas liberdades, como dois barcos vazios. Mas você terá de olhar para o céu, e não para as nuvens.

*Como uma nuvem que se ergue do mar,
sugando a chuva a terra a abraça.
Assim como o céu, o mar permanece
sem aumentar ou diminuir.*

E Saraha faz com que o rei se lembre de uma outra coisa: Observe o mar. Milhões de nuvens se erguem do mar, muita água evapora, mas o mar não diminui por causa disso. As nuvens derramarão chuvas sobre a terra, e riachos se tornarão grandes rios, e muitos rios farão uma grande corrente d'água e a água correrá de volta ao oceano, ao mar... todos os rios da terra despejarão suas águas no mar, mas isso não faz com que o mar aumente; o mar permanece o mesmo. Não faz nenhuma diferença se algo é tirado dele ou é despejado nele; sua perfeição é tal que você não pode tirar nada dele e não pode adicionar nada a ele.

Saraha está dizendo: Olhe! O ser interior é tão perfeito que suas ações podem ser as de um pecador, mas nada é tirado. E suas ações podem ser as de um santo, mas nada é adicionado a você. Você permanece o mesmo.

Esse é um dito imensamente revolucionário, é uma grande afirmação. Ele diz: Nada pode ser adicionado a você e nada pode ser tirado de você, sua perfeição interior é enorme. Você não pode ficar mais belo e não pode ficar feio; não pode ficar rico e não pode ficar pobre. Você é como o mar.

Em um dos sutras budistas, Vaipulya Sutra, há uma afirmação de que existem duas pérolas muito valiosas no oceano: uma impede que ele se torne menor quando água é tragada dele, e a outra impede que ele se torne maior quando a água flui para ele. Existem duas grandes pérolas no oceano, e essas duas grandes pérolas impedem estas coisas de acontecer: o oceano nunca fica maior nem menor, mas permanece o mesmo. Ele é tão vasto que não importa quantas nuvens se erguem dele e quanta água evapora dele; ele é tão vasto que não importa quantos rios caem nele e trazem uma grande quantidade de água. Ele simplesmente permanece o mesmo.

Assim é a essência de seu ser, assim é a essência da existência. O aumentar e o diminuir está na periferia, e não no centro. Você pode acumular grande conhecimento ou pode permanecer ignorante, e isso está apenas na periferia. Nenhum conhecimento pode tornar você mais sábio do que você já é, nada pode ser adicionado a você. Sua pureza é infinita, não há como aperfeiçoá-la.

Esta é a visão tântrica, é a própria essência da atitude tântrica: o ser humano é o que ele é, e não há anseio por aperfeiçoamento. Não que o ser humano precise ficar bom, não que ele precise mudar isso e aquilo; o ser humano precisa aceitar tudo e lembrar-se de seu céu, lembrar-se de seu mar. E, aos poucos, surge um entendimento quando você sabe o que é uma nuvem e o que é o céu, o que é um rio e o que é o mar. Uma vez que você esteja em sintonia com o seu mar, toda a ansiedade desaparece, toda a culpa desaparece, e você se torna inocente como uma criança.

O rei conheceu Saraha como um grande homem de conhecimento, e agora ele estava se comportando como um homem ignorante. Ele deixou de recitar o Veda, deixou de fazer os rituais que sua religião prescrevia e até mesmo deixou de meditar. Ele não estava fazendo nada que era comumente considerado como religioso.

tantra: o encontro da terra com o céu   47

 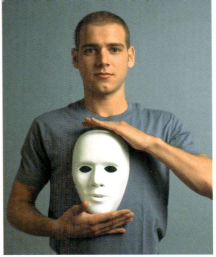

O que ele estava fazendo aqui, vivendo em um terreno de cremação, dançando e cantando como um louco e fazendo muitas coisas não tradicionais? Onde seu conhecimento foi parar?

Saraha diz: Você pode tirar todo o meu conhecimento, não faz nenhuma diferença, porque não fico diminuído por isso. Ou você pode trazer todas as escrituras do mundo e despejá-las em mim, e isso não fará nenhuma diferença, eu não ficarei mais por causa disso.

Ele foi um homem muito respeitado, todo o reinado o respeitava, e agora, repentinamente, ele se tornou um dos homens com pior reputação, e Saraha está dizendo: Vocês podem me dar todas as honras possíveis, e nada é acrescentado a mim, e podem tirar todas as honras e podem me insultar, podem fazer o que quiserem para destruir minha respeitabilidade, mas nada está acontecendo comigo. Não importa o que seja, permaneço o mesmo, sou aquele que nunca aumenta e nunca diminui. Agora sei que não sou a nuvem, e sim o céu. Não estou muito preocupado se as pessoas acham que a nuvem é branca ou escura, pois não sou a nuvem, não sou o pequeno rio, o minúsculo rio ou o minúsculo reservatório de água... não sou uma xícara de chá.

Tempestades se formam muito facilmente na xícara de chá, ela é minúscula. Tire uma colher cheia dela e algo é perdido, coloque uma colher cheia dentro dela e isso poderá ser demais e ela derramará. Saraha diz: Sou o vasto mar; tire o que quiser ou dê o que quiser; seja o que for, não importa.

Observe a beleza disso! No momento em que nada importa, você chegou em casa; se algo ainda importa, você está longe de casa. Se você ainda está observando e sendo esperto e ladino em suas ações, achando que precisa fazer isso e que não deve fazer aquilo, e ainda há "deverias" e "não deverias", então você está distante de casa e ainda pensa sobre si mesmo em termos do momentâneo, e não em termos do eterno.

SER E AÇÃO

O Tantra acredita no ser, e não na ação ou no caráter, porque uma vez que o ser seja transformado, suas ações são transformadas. Essa é a única maneira de mudar suas ações. Quem já foi capaz de mudar diretamente as suas ações? Você pode apenas fingir.

Se você for raivoso e quiser mudar sua ação, o que você fará? Você reprimirá a raiva, mostrará uma face falsa e terá de usar uma máscara. Se você tiver sexualidade, o que você fará para mudá-la? Você pode fazer um voto de castidade e pode fingir, mas no fundo o vulcão continua. Você está sentado em um vulcão que pode entrar em erupção a qualquer momento, e estará constantemente tremendo e com medo.

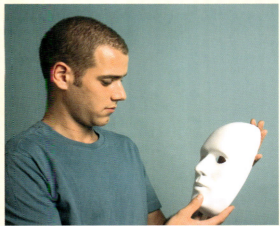

Você já não observou os pretensos religiosos? Eles estão sempre com medo, com medo do inferno, e sempre tentando de algum modo entrar no paraíso. Mas eles não sabem o que é o paraíso, absolutamente não o saborearam. Se você mudar sua consciência, o paraíso vem a você, e não que você vá a ele. Ninguém jamais foi ao paraíso e ninguém jamais foi ao inferno. Deixe que isto fique claro de uma vez por todas: o paraíso vem a você, o inferno vem a você; depende de você mesmo. Tudo o que você chamar, ele vem.

Se o seu ser mudar, subitamente você fica disponível ao paraíso; o paraíso desce sobre você. Se o seu ser não mudar, você fica em conflito, forçando algo que não existe; você fica cada vez mais falso e se torna duas pessoas, um esquizofrênico, dividido. Você mostra uma coisa e é uma outra; diz algo mas nunca o faz e acaba fazendo algo diferente. Você está continuamente brincando de esconde-esconde consigo mesmo. A ansiedade e a angústia são naturais nesse estado, e o inferno é isso.

PARTE II

entendendo a
ciência do Tantra

Tantra é ciência, e não filosofia. Entender a filosofia é fácil, pois apenas seu intelecto é requerido. Se você puder entender a linguagem, se puder entender o conceito, poderá entender a filosofia. Você não precisa mudar; nenhuma transformação é requerida de você. Assim como você está, você pode entender a filosofia, mas não o Tantra. Para entendê-lo, você precisará de uma mudança... ou melhor, de uma mutação. A menos que você esteja desejoso de passar por uma mutação, você não compreenderá, pois o Tantra não é uma proposição intelectual, mas uma experiência. Somente quando você estiver receptivo, disposto e vulnerável à experiência ela virá a você.

a linguagem
do silêncio

Perdemos contato com a existência, perdemos nossas raízes nela. Somos como uma árvore desenraizada; o fluido vital não flui mais, a seiva secou, flores não virão mais, nem frutos, nem mesmo pássaros vêm para se abrigar em nós. Isso acontece porque não nascemos ainda; tomamos o nascimento físico como nosso nascimento, mas ele não é nosso nascimento. Existimos apenas como potencialidades e não nos tornamos reais, daí nossa infelicidade. O real é o estado de plenitude, e o potencial é a aflição. Por que é assim? Porque o potencial não pode estar em repouso, ele está continuamente inquieto, precisa estar inquieto! Algo irá acontecer, está no ar. Estamos em um limbo.

É como uma semente... Como ela pode descansar e relaxar? O descanso e o relaxamento são conhecidos apenas pelas flores. A semente precisa estar em uma angústia profunda, precisa estar continuamente trêmula. O tremor se dá porque ela não sabe se será capaz de se tornar uma realidade, se encontrará o solo adequado, se encontrará o clima certo, se encontrará o céu apropriado. Irá acontecer ou simplesmente morrerá sem jamais ter nascido? A semente treme por dentro, tem ansiedade, angústia, não pode dormir; ela sofre de insônia.

O potencial é ambicioso e anseia pelo futuro. Você já não observou isto em seu próprio ser? Você está constantemente querendo que algo aconteça, e ele não está acontecendo; você está constantemente desejando ardentemente, esperando, almejando, sonhando... e não está acontecendo! A vida segue fluindo, escorregando de suas mãos, a morte se aproxima e você ainda não é real. Quem sabe? Qual virá primeiro? A realização, a efetivação, o florescimento, ou talvez a morte? Quem sabe? Daí o medo, a angústia, o tremor.

Soren Kierkegaard disse que o ser humano é uma apreensão. Sim, ele é uma apreensão porque é uma semente. Friedrich Nietzsche disse que o ser humano é uma ponte. Exatamente isso! O ser humano não é um lugar para descansar, mas uma ponte para se passar, é uma porta para se atravessar. Você não pode descansar como ser humano; o ser humano ainda não é um *ser*, e sim uma flecha a caminho... uma corda esticada entre duas eternidades. O ser humano é uma tensão, e apenas ele sofre de ansiedade, é o único animal sobre a terra que sofre de ansiedade. Qual pode ser a causa disso?

Somente o ser humano existe como potencialidade. Um cachorro é o que tem de ser, e não há

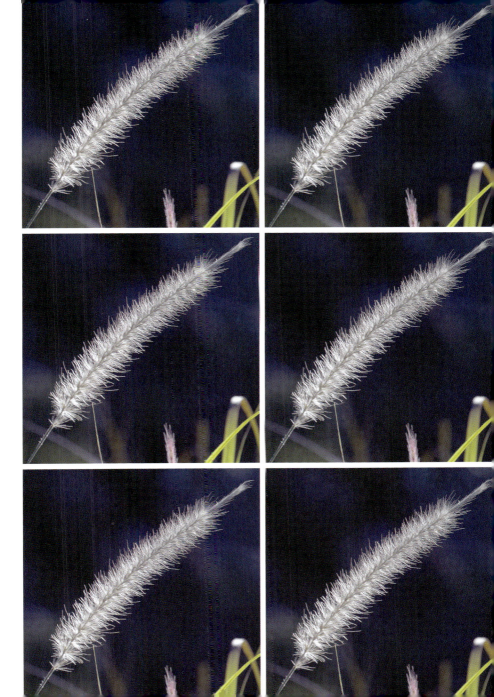

nada mais esperando para acontecer. Um búfalo é o que tem de ser, e não há nada mais; ele já aconteceu. O que poderia acontecer, já aconteceu. Você não pode dizer a um búfalo: "Você ainda não é um búfalo", isso seria tolice, mas pode dizer a um homem: "Você ainda não é um homem". E você pode dizer a uma mulher: "Você está incompleta", mas não pode dizer a um cachorro: "Você está incompleto", isso seria estupidez. Todos os cachorros estão inteiramente completos.

O ser humano tem uma possibilidade, um futuro, ele é uma abertura. Assim, há um medo constante: conseguiremos ou não? Conseguiremos fazer desta vez ou não? Quantas vezes você já deixou escapar? Iremos deixar escapar de novo? É por isso que não estamos felizes. A existência fica celebrando, há um grande cantar, uma grande alegria, um grande júbilo! Toda a existência está sempre em uma orgia, ela é um carnaval. A cada momento toda a existência está em um orgasmo! Mas de alguma maneira o ser humano ficou de fora.

O ser humano se esqueceu da linguagem da inocência, se esqueceu de como se relacionar com a existência, de como se relacionar consigo mesmo!

Relacionar-se consigo mesmo significa meditação, e relacionar-se com a existência significa prece. O ser humano se esqueceu da linguagem, e por isso aparentamos ser forasteiros, forasteiros em nossa própria casa, forasteiros em relação a nós mesmos. Não sabemos quem somos, não sabemos por que somos e não sabemos para que continuamos a existir. Parece ser uma infindável espera, uma espera por algo que não existe.

Ninguém sabe se esse algo virá ou não. Na verdade, o que é esse algo? Ninguém sabe nem

mesmo isso, mas a pessoa precisa esperar por alguma coisa, então ela cria alguma ideia e espera por ela. Deus é essa ideia, o paraíso é essa ideia, o nirvana é essa ideia. A pessoa precisa esperar, porque de alguma maneira ela precisa preencher o próprio ser; do contrário, ela se sente muito vazia. Esperar dá um senso de propósito e de direção. Você pode se sentir melhor, pelo menos está esperando. Ainda não aconteceu, mas algum dia acontecerá.

O que acontecerá? Nem mesmo fizemos a pergunta certa, então o que dizer da resposta certa? Nem mesmo fizemos a pergunta certa... E lembre-se: uma vez que a pergunta certa seja formulada, a resposta certa não estará distante, mas dobrando a esquina. Na verdade, ela está oculta dentro da própria pergunta certa. Se você ficar formulando a pergunta certa, encontrará a resposta certa por meio desse próprio questionamento.

Assim, a primeira coisa que gostaria de dizer é que estamos perdendo, estamos continuamente perdendo, pois usamos a mente como linguagem para nos relacionar com a existência, e a mente é uma maneira de isolar você da existência, é uma maneira de separá-lo, e não de ligá-lo. O pensar é a barreira. Os pensamentos são como a Muralha da China à sua volta, e, quando você está tateando através dos pensamentos, não pode tocar a realidade. Não que a realidade esteja distante; ela está próxima, no máximo apenas a uma prece de distância, mas se você estiver pensando, remoendo, analisando, interpretando e filosofando, então começa a se afastar cada vez mais da realidade, pois, quanto mais pensamentos você tiver, mais difícil é perceber através deles. Eles criam uma grande névoa, uma cegueira.

Este é um dos fundamentos do Tantra, que uma mente pensante é uma mente que perde, que o pensamento não é a linguagem para se relacionar com a realidade.

Então qual é a linguagem para se relacionar com a realidade? O não pensar. No que se refere à realidade, as palavras não têm sentido; o silêncio é significativo, e fecundo, e as palavras são simplesmente mortas. A pessoa precisa aprender a linguagem do silêncio.

Você estava no útero de sua mãe e se esqueceu completamente disso, mas por nove meses não falou uma única palavra... mas vocês estavam juntos, em profundo silêncio. Você estava integrado com sua mãe, não havia barreiras entre você e ela, você não existia como um eu separado. Naquele profundo silêncio, sua mãe e você eram um só, havia uma imensa unicidade. Não se tratava de união, e sim de unidade. Vocês não eram dois, então não era uma união, mas simplesmente uma unidade. Vocês não eram dois.

No dia em que novamente você se tornar silencioso, o mesmo acontecerá: de novo você cairá no útero da existência, de novo se relacionará. Você se relacionará de uma maneira totalmente nova; na verdade, não totalmente nova, porque você conheceu isso no útero de sua mãe, mas se esqueceu... É isso que quero dizer quando digo que o ser humano se esqueceu da linguagem de se relacionar. Este é o caminho: como você se relacionava com sua mãe no útero. Cada vibração sua era transmitida à sua mãe, cada vibração dela era transmitida a você. Havia um simples entendimento e nenhum mal-entendido entre vocês. O mal-entendido vem apenas quando o pensamento entra em cena.

Como você pode entender mal alguém se não pensar? Você pode? Você pode me entender mal se não pensar sobre mim? Como você pode entender mal? E como pode me entender se você pensar? Impossível, pois no momento em que você pensa, começou a interpretar, no momento em que você pensa, não está olhando para mim, mas me evitando. Você está escondido atrás de seus pensamentos. Seus pensamentos vêm de seu passado, e estou aqui, presente. Sou uma declaração aqui e agora, e você traz o seu passado.

Você deve saber sobre a lula. Quando ela quer se esconder, libera uma tinta preta em volta de si mesma, uma nuvem de tinta preta, e então ninguém pode vê-la. Ela simplesmente desaparece em sua própria nuvem de tinta preta; essa nuvem é sua medida de proteção. Acontece exatamente a mesma coisa quando você libera uma nuvem de pensamentos à sua volta: você desaparece neles. Então você não pode se relacionar e ninguém pode se relacionar com você.

É impossível se relacionar com uma mente; você pode se relacionar apenas com uma consciência. Uma consciência não tem passado, e uma mente é apenas passado e nada mais.

Assim, o Tantra diz que você precisa aprender a linguagem do orgasmo. Quando você está fazendo amor com uma mulher ou com um homem, o que acontece? Embora isto seja raro, embora esteja ficando cada vez mais raro à medida que as pessoas estão ficando mais civilizadas, por alguns segundos você novamente não está mais na mente. Com um choque, você é amputado da mente; com um salto, você fica fora da mente. Por aqueles poucos segundos de orgasmo, quando você está fora da mente, de novo você se relaciona, de novo está no útero... no útero de sua companheira ou de seu companheiro. Vocês não estão mais separados; de novo há unidade, e não união. Quando você começa a fazer amor, há o começo da união, mas, quando o orgasmo vem, não há união, mas unidade; a dualidade é perdida.

O que acontece nessa experiência profunda e de pico? O Tantra repetidamente lembra a você de que tudo o que acontece naquele momento de pico é a linguagem de se relacionar com a existência, é a linguagem das entranhas, é a linguagem de seu próprio ser. Assim, pense ou em termos de quando você estava no útero de sua mãe, ou em termos de quando você de novo desapareceu no útero de seu amado ou amada e por alguns segundos a mente simplesmente não funcionava! Esses momentos de não mente são seus vislumbres da eternidade, do despertar, do além. Você se esqueceu dessa linguagem, e ela precisa ser aprendida novamente.

O amor é a linguagem, e a linguagem do amor é silenciosa. Quando dois amantes estão realmente em uma profunda harmonia, no que Carl Jung costumava chamar de sincronicidade, quando suas vibrações estão simplesmente sincronizadas uma com a outra, quando ambos parceiros estão vibrando no mesmo comprimento de onda, então há silêncio, então os amantes não gostam de conversar. Apenas maridos e mulheres conversam, e os amantes ficam silenciosos.

Na verdade, o marido e a esposa não podem ficar em silêncio porque a linguagem é uma maneira de evitar o outro. Se você não estiver evitando o outro, se não estiver conversando, a presença do outro se torna muito embaraçosa; então o marido e a esposa imediatamente liberam sua nuvem de tinta preta! Qualquer desculpa servirá, mas eles liberam a tinta à volta si e desaparecem na nuvem, e então não há problema.

A linguagem não é uma maneira de se relacionar, mas uma maneira de evitar. Quando você está em um profundo amor, pode segurar a mão de seu amado ou amada, mas permanecerá em silêncio... em completo silêncio, sem nem mesmo uma ondulação. Nesse lago sem ondulações de sua consciência, algo é transmitido, a mensagem é dada. Trata-se de uma mensagem sem palavras.

O Tantra diz que a pessoa precisa aprender a linguagem do amor, a linguagem do silêncio, a linguagem da presença um do outro, a linguagem do coração, a linguagem das entranhas. Nós aprendemos uma linguagem que não é existencial, uma linguagem alienígena; utilitária, é claro, que preenche um certo propósito, mas no que se refere à investigação mais elevada da consciência, ela é uma barreira. No nível mais baixo, tudo bem; é claro que no dia a dia você precisa de uma certa linguagem, e o silêncio não servirá. Mas, quando você se move mais fundo e mais alto, a linguagem não servirá.

entendendo a ciência do tantra 57

tantra e ioga

O Tantra e a Ioga são basicamente diferentes. Eles chegam ao mesmo objetivo, contudo seus caminhos não são apenas diferentes, mas também contrários. Então isso precisa ser entendido muito claramente.

O processo da Ioga também tem uma metodologia, a Ioga também é técnica. Como o Tantra, a Ioga não é uma filosofia; ela depende da ação, do método, da técnica. Também na Ioga, o fazer leva ao ser, mas o processo é diferente. Na Ioga a pessoa precisa lutar; ele é o caminho do guerreiro. No caminho do Tantra a pessoa absolutamente não precisa lutar; pelo contrário, ela precisa ser permissiva, mas com consciência.

A Ioga é repressão com consciência; o Tantra é permissividade com consciência. O Tantra diz que tudo o que você é, o supremo não é oposto a isso; trata-se de um crescimento, você pode crescer para ser o supremo; não há oposição entre você e a realidade. Você é parte dela; portanto, nenhuma batalha, nenhum conflito, nenhuma oposição à natureza é necessária. Você precisa usar a natureza, precisa usar tudo o que você for para ir além.

Na Ioga você precisa lutar contra você mesmo para ir além; nela, são duas coisas opostas o mundo e o *moksha*, a libertação, você como você é e você como você pode ser. Suprima, lute, dissolva o que você é para que possa atingir aquilo que você pode ser. Na Ioga, ir além é uma morte; você deve morrer para que seu ser real nasça.

Aos olhos do Tantra, a Ioga é um suicídio profundo. Você deve matar seu eu natural, seu corpo, seus instintos, seus desejos, tudo. O Tantra diz para você se aceitar como você é; ele é uma profunda aceitação. Não crie distância entre você e o real, entre o mundo e o nirvana; não crie nenhuma distância. Para o Tantra, não há distância e nenhuma morte é necessária. Para o seu renascimento, nenhuma morte é necessária, mas uma transcendência. Para essa transcendência, use a si mesmo.

Por exemplo: o sexo existe, a energia básica pela qual você nasceu e com a qual você nasceu. As células básicas de seu ser e de seu corpo são sexuais; portanto, a mente humana gira em torno do sexo. Para a Ioga, você deve lutar contra essa energia, e por meio da luta você cria um centro diferente em si mesmo. Quanto mais você luta, mais você se integra em um centro diferente, e o sexo deixa de ser o seu centro. Ao lutar contra o sexo, é claro que conscientemente, você criará em você um novo centro de ser, uma nova ênfase, uma nova cristalização. Então o sexo não será a sua energia; você criará a sua energia lutando contra o sexo. Uma nova energia surgirá e um diferente centro de existência.

Para o Tantra, você precisa usar a energia do sexo. Não lute contra ela, transforme-a; não

entendendo a ciência do tantra 59

pense em termos de inimizade, seja amigável com ela. Ela é sua energia e não é má, não é malévola. Toda energia é simplesmente natural; ela pode ser usada para você, pode ser usada contra você. Você pode fazer dela um bloqueio, uma barreira, ou pode fazer dela um degrau. Ela pode ser usada, e corretamente usada ela se torna amigável; se erroneamente usada, ela se torna sua inimiga. Mas ela não é nenhuma das duas; a energia é simplesmente natural. Como o ser humano comum está usando o sexo, ela se torna uma inimiga e o destrói; ele simplesmente se dissipa nela.

A Ioga toma o ponto de vista oposto, oposto para a mente comum. A mente comum está sendo destruída pelos seus próprios desejos, então a Ioga diz para deixar de desejar, para ficar sem desejos. Lute contra o desejo e crie uma integração em você que não tenha desejos.

O Tantra diz para ficar atento ao desejo, para não provocar nenhuma briga. Entre no desejo com total consciência e, quando você entra no desejo com total consciência, você o transcende. Você está nele e ainda assim não está nele; você passa através dele, mas permanece de fora.

A Ioga tem mais atrativo porque é justamente o oposto da mente comum, e assim a mente comum pode entender a linguagem da Ioga. Você sabe como o sexo o está destruindo, como ele o destruiu, como você fica girando em torno dele como um escravo, como uma marionete. Você sabe disso por sua própria experiência. Assim, quando a Ioga diz para lutar contra ele, imediatamente você compreende a linguagem. Esse é o atrativo, o fácil atrativo da Ioga.

O Tantra não pode ser tão facilmente atraente; ele parece difícil: como entrar no desejo sem ser tomado por ele? Como estar no ato sexual conscientemente, com plena percepção? A mente comum fica com medo; parece perigoso. Não que o sexo seja perigoso, mas tudo o que você conhece do sexo cria esse perigo para você. Você se conhece, sabe como pode se enganar, sabe perfeitamente bem que sua mente é esperta. Você pode entrar no desejo, no sexo, em tudo, e pode se enganar achando que está se movendo com plena percepção. É por isso que você sente o perigo.

O perigo não está no Tantra, mas em você. E o atrativo da Ioga ocorre por sua causa, por causa de sua mente comum, de sua mente repressora, esfomeada e permissiva em relação ao sexo. Devido à mente comum não ser saudável em relação ao sexo, a Ioga tem atrativo. Com uma humanidade melhor, com um sexo saudável, natural e normal, o caso seria diferente. Nós não somos normais e naturais, mas absolutamente anormais, não saudáveis e realmente insanos. Mas porque todos são como nós, nunca sentimos isso.

A loucura é tão normal que não ser louco pode parecer anormal. Um Buda e um Jesus são anormais entre nós, eles não nos pertencem. Essa "normalidade" é uma doença, essa mente "normal" criou o atrativo para a Ioga. Se você encarar o sexo naturalmente, sem nenhuma filosofia em torno dele, sem nenhuma filosofia contra ou a favor, se encarar o sexo como encara as suas mãos e os seus olhos, se ele for totalmente aceito como algo natural, então o Tantra terá atrativo e somente então poderá ser útil para muitos.

Mas os dias do Tantra estão chegando. Mais cedo ou mais tarde o Tantra explodirá pela primeira vez para as massas, porque pela primeira vez o tempo está propício, propício para encarar o sexo naturalmente. É possível que a explosão venha do

Ocidente, porque Freud, Jung e Reich prepararam o terreno. Eles nada sabiam sobre o Tantra, mas prepararam o terreno básico para o Tantra evoluir. A psicologia ocidental chegou a uma conclusão de que a doença humana básica está em algum lugar em volta do sexo, que a insanidade básica do ser humano tem uma orientação sexual.

Assim, a menos que essa orientação sexual seja dissolvida, o ser humano não pode ser natural ou normal. O ser humano saiu errado somente devido à sua atitude em relação ao sexo. Nenhuma atitude é necessária, e somente então você é natural. Que atitude você tem em relação a seus olhos? Eles são perniciosos ou divinos? Você é a favor ou contra eles? Não há atitude, e por isso seus olhos são normais!

Tome alguma atitude, pense que os olhos são perniciosos; então ficará difícil ver, então ver tomará a mesma forma problemática que o sexo tomou, então você desejará ver, almejará ver, ansiará ver, mas, quando chegar a ver, você se sentirá culpado. Sempre que você chegar a ver se sentirá culpado por ter feito algo errado, por ter pecado. Você desejará matar o próprio instrumento da visão, desejará destruir seus olhos. E, quanto mais você desejar destruí-los, mais ficará centrado nos olhos. Então você começará a ter uma atitude muito absurda: desejará ver cada vez mais e, simultaneamente, se sentirá cada vez mais culpado. O mesmo aconteceu com o centro sexual.

O Tantra diz para aceitar o que você é. Esta é a nota básica: aceitação total. E somente pela aceitação total você pode crescer. Então use todas as energias que você tem. Como você pode usá-las? Aceite-as e depois descubra o que são essas energias, o que é o sexo, o que é esse fenômeno. Você não está familiarizado com ele; você sabe muitas coisas sobre o sexo ensinadas pelos outros, e pode ter passado pelo ato sexual, mas com uma mente culpada, com uma atitude repressiva, às pressas, correndo. Algo precisa ser feito para que você se descarregue... O ato sexual não é um ato amoroso, você não está feliz com ele, mas não pode deixá-lo. Quanto mais você tenta deixá-lo, mais atraente ele se torna; quanto mais você quer negá-lo, mais se sente convidado.

Você não pode negá-lo, mas essa atitude de negar, de destruir, destrói a própria mente, a própria consciência, a própria sensibilidade que pode entendê-lo. Dessa maneira, o sexo segue em frente sem nenhuma sensibilidade nele, e assim você não pode entendê-lo. Somente uma profunda sensibilidade pode entender alguma coisa, somente um profundo sentimento, uma profunda penetração nele pode entender alguma coisa. Você pode entender o sexo somente se entrar nele como um poeta se move entre as flores; somente então! Se você se sentir culpado em relação às flores, poderá passar pelo jardim, mas passará com os olhos fechados, estará afobado e com uma profunda e louca pressa; você precisa sair do jardim de qualquer maneira. Então como você pode estar consciente?

Assim, o Tantra diz para aceitar tudo o que você é. Você é um grande mistério de muitas energias multidimensionais; aceite isso e se mova com cada energia com uma profunda sensibilidade, com consciência, com amor, com compreensão. Mova-se com ela! Então cada desejo se torna um veículo para ir além, cada energia se torna uma ajuda; então este mesmo mundo é o nirvana e este mesmo corpo é um templo, um templo sagrado, um lugar sagrado.

Ioga é negação, Tantra é afirmação. A Ioga pensa em termos de dualidade, e essa é a razão da palavra "ioga". Ela significa unir duas coisas, ligar duas coisas, mas existem duas coisas, a dualidade existe. O Tantra diz que não existe nenhuma dualidade. Se existir a dualidade, você não poderá uni-las, e não importa quanto você tente, elas permanecerão duas; não importa como você as una, elas permanecerão duas e a luta continuará, o dualismo permanecerá.

Se o mundo e o divino são dois, então eles não podem ser unidos. Se eles não forem realmente dois, se apenas aparentarem ser dois, somente então eles podem ser um. Se o seu corpo e a sua alma forem dois, então eles não poderão se unir; se você e Deus forem dois, não haverá possibilidade de uni-los; eles permanecerão dois.

O Tantra diz que não há dualidade, que ela é apenas uma aparência. Portanto, por que ajudar a aparência a se fortalecer? O Tantra pergunta por que ajudar essa aparência de dualidade a se fortalecer? Dissolva-a neste exato momento! Seja um! Pela aceitação você se torna um, e não pela luta. Aceite o mundo, aceite o corpo, aceite tudo que for inerente a ele. Não crie um centro diferente em você mesmo, pois para o Tantra esse centro diferente nada mais é do que o ego. Não crie um ego e simplesmente fique consciente do que você é. Se você lutar, então o ego estará presente.

Assim, é difícil encontrar um iogue que não seja egoico. E os iogues podem ficar falando sobre a ausência de ego, mas não podem deixar de ter ego. O próprio processo pelo qual eles passam cria o ego; a luta é o processo. Se você lutar, fatalmente criará um ego; e, quanto mais você lutar, mais fortalecido o ego ficará. E se você ganhar a sua luta, então atingirá o ego supremo.

O Tantra diz para não lutar! Então não há possibilidade para o ego... Se entendermos o Tantra, haverá muitos problemas, porque para nós, se não houver luta, haverá apenas permissividade. Para nós, nenhuma luta significa permissividade. Então ficamos com medo, pois fomos permissivos por vidas seguidas e não chegamos a lugar nenhum. Mas para o Tantra a permissividade não é "nossa" permissividade. O Tantra diz para ser permissivo, mas com consciência.

Você está com raiva... O Tantra não dirá para não ficar com raiva, mas dirá para ficar inteiramente com raiva, mas esteja consciente. O Tantra não é contrário à raiva, mas é apenas contrário ao estado de sono espiritual e à inconsciência espiritual. Esteja consciente e esteja raivoso, e este é o segredo do método: se você estiver consciente, a raiva é transformada e se torna compaixão. O Tantra diz que a raiva não é sua inimiga, mas compaixão em forma de semente. A mesma raiva, a mesma energia, se tornará compaixão.

Se você lutar contra ela, não haverá possibilidade de acontecer a compaixão. Assim, se você for bem-sucedido em lutar, em reprimir, será uma pessoa morta; não haverá raiva porque você a reprimiu, mas também não haverá nenhuma compaixão, porque apenas a raiva pode ser transformada em compaixão. Se você for bem-sucedido em sua supressão, o que é impossível, então não haverá sexo, mas também não haverá amor, porque, com o sexo morto, não há energia para crescer em amor. Você ficará sem sexo, mas também ficará sem amor, e então todo o ponto é perdido, porque sem amor não há divindade, sem amor não há libertação, sem amor não há liberdade.

O Tantra diz que essas mesmas energias devem ser transformadas. Pode ser dito desta maneira: se você for contra o mundo, não haverá

nirvana, porque esse mesmo mundo é que deve ser transformado no nirvana. Então você estaria contra as energias básicas que são a fonte.

Dessa maneira, a alquimia tântrica diz para não lutar, para ser amigável com todas as energias que lhe foram dadas. Acolha-as, sinta-se grato por você ter raiva, por você ter sexo, por você ter ganância. Sinta-se grato porque essas são as fontes ocultas, e elas podem ser transformadas, podem ser abertas. E, quando o sexo é transformado, ele se torna amor, e o veneno desaparece, o que é feio desaparece.

A semente é feia, mas, quando se torna viva, ela brota e floresce, e então há beleza. Não jogue fora a semente, porque então também estará jogando as flores nela contidas. Elas ainda não estão visíveis, ainda não estão manifestas para que você possa vê-las; elas estão não manifestas, mas estão ali. Use essa semente para que você possa atingir as flores. Assim, primeiro deixe que haja aceitação, uma compreensão e percepção sensíveis, e então a permissividade é permitida.

Uma coisa mais, a qual é realmente muito estranha, mas uma das descobertas mais profundas do Tantra: tudo o que você tomar como seu inimigo, seja a ganância, a raiva, o ódio, o sexo ou seja o que for, sua própria atitude de

que eles são inimigos os torna seus inimigos. Tome-os como dádivas divinas e os aborde com um coração grato.

Para o Tantra, *tudo* é sagrado. Lembre-se disto: para o Tantra, tudo é sagrado, nada é profano. Olhe para isso desta maneira: para uma pessoa irreligiosa, tudo é profano; para uma pessoa pretensamente religiosa, uma coisa é sagrada e outra é profana.

O Tantra diz que tudo é sagrado, e é por isso que não podemos entendê-lo. Ele é o ponto de vista não dual mais profundo, se pudermos chamá-lo de ponto de vista. Ele não é, porque todo ponto de vista fatalmente é dual. Ele não é contra coisa alguma, portanto não é um ponto de vista, mas uma unidade sentida, uma unidade vivida.

Estes são os dois caminhos: Ioga e Tantra. O Tantra não pode ser tão atraente por causa de nossas mentes mutiladas. Mas sempre que houver alguém saudável por dentro, e não um caos, o Tantra tem uma beleza. Apenas esse alguém pode entender o que é o Tantra. A Ioga tem atrativo, um atrativo fácil devido às nossas mentes perturbadas.

Lembre-se: essencialmente é a sua mente que torna algo atraente ou não atraente; você é o fator decisivo.

o mapa interior dos chacras

O Tantra tem um certo mapa do ser humano interior. Será bom você entender o mapa, ele o ajudará. Tanto o Tantra como a Ioga supõem que existem sete centros na fisiologia do ser humano, na fisiologia sutil, e não na fisiologia material do corpo. Na verdade, esses centros são metáforas, mas de muita ajuda para entender algo do ser humano interior. Estes são os sete chacras.

O primeiro e o mais básico é o *muladhar*, que significa o mais fundamental, o básico. *Mul* significa das raízes. O chacra *muladhar* é o centro onde a energia sexual está, mas a sociedade danificou muito esse chacra.

Esse chacra *muladhar* tem três aspectos em si: um é o oral, a boca, o segundo é o anal e o terceiro é o genital. Esses são os três aspectos do *muladhar*. A criança começa sua vida no estágio oral, e devido a uma educação errônea, muitas pessoas permanecem no estágio oral e nunca vão além dele. É por isso que tantas pessoas fumam, mascam chiclete e comem demais. Essa é uma fixação oral; essas pessoas permanecem centradas na boca.

Existem muitas sociedades primitivas que não beijam. Na verdade, se a criança se desenvolveu bem, o beijar desaparecerá; o beijo mostra que a pessoa permaneceu oral; do contrário, o que o sexo tem a ver com os lábios? Quando pela primeira vez sociedades primitivas vieram a saber sobre o beijo do homem civilizado, elas riram e simplesmente consideraram aquilo ridículo. Duas pessoas se beijando? E isso também parece muito pouco higiênico, ao transmitirem todos os tipos de enfermidades e infecções uma para a outra. O que elas estão fazendo, e para quê? Mas a maioria da humanidade permaneceu no estágio oral.

A criança não é satisfeita oralmente, a mãe não lhe dá o peito tanto quanto a criança precisa, e os lábios permanecem insatisfeitos. Assim, a criança mais tarde fumará cigarros, se tornará uma grande beijoqueira, mastigará chiclete ou passará a comer muito, comendo continuamente isso e aquilo. Se a mãe der seus seios tanto quanto a criança precisa, então o *muladhar* não é danificado.

Se você for um fumante, tente uma chupeta, e de repente ficará surpreso. Ela ajudou muitas pessoas, e a sugiro para muitas pessoas. Se alguém vem e me pergunta como parar de fumar, digo: "Compre uma chupeta e chupe-a. Deixe que ela fique pendurada em seu pescoço, e, quando você sentir vontade de fumar, coloque a chupeta na boca e a desfrute. Dentro de três semanas você ficará surpreso: a ânsia de fumar desapareceu".

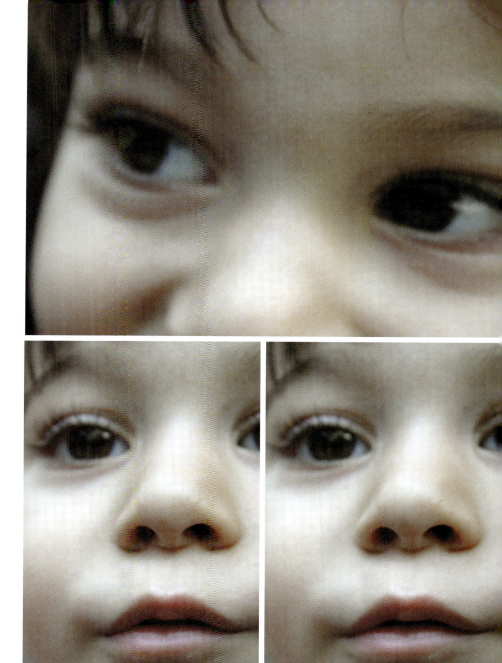

Em algum lugar na psique, os seios ainda têm apelo. É por isso que os homens são tão focados nos seios das mulheres. Parece não haver razão... por quê? Porque os homens estão tão interessados nos seios? Pinturas, esculturas, filmes, pornografia... tudo parece girar em torno dos seios! E as mulheres estão sempre tentando esconder e ao mesmo tempo mostrar seus seios; do contrário, o sutiã é uma tolice. Ele é um truque tanto para esconder como para mostrar, ao mesmo tempo; trata-se de um truque muito contraditório. E agora elas estão enchendo o seio com silicone, para que fiquem maiores e que tomem a forma que a humanidade imatura quer vê-los. Que ideia infantil! Mas o ser humano permanece no estágio ora.

Esse é o estágio mais baixo do *muladhar*.

E algumas pessoas mudam do estágio oral e ficam estagnadas no estágio anal, porque o segundo grande dano acontece no treinamento no banheiro. As crianças são forçadas a ir à privada a uma determinada hora. Mas as crianças não podem controlar seus movimentos intestinais; isso leva tempo, leva anos para elas desenvolverem o controle. Então o que elas fazem? Elas simplesmente se forçam, simplesmente fecham seu mecanismo anal, e devido a isso ficam fixas no estágio anal.

É por isso que há tanta constipação no mundo. Apenas o ser humano sofre de constipação; nenhum outro animal sofre de constipação no estado selvagem. A constipação é mais psicológica, é o resultado do dano ao *muladhar*. E por causa da constipação, muitas outras coisas se desenvolvem na mente humana. Uma pessoa se torna acumuladora, acumuladora de conhecimento, de dinheiro, de virtude. E, ao

se tornar uma acumuladora, ela se torna sovina, não podendo entregar nada! Tudo o que ela agarra, ela mantém consigo. E com sua ênfase anal, grandes estragos acontecem ao *muladhar*, pois, quando as coisas se desenvolvem naturalmente, o homem e a mulher irão para o estágio genital. Se eles ficarem fixos no estágio oral ou no anal, nunca irão ao genital, e esse é o truque que a sociedade usou até agora para não permitir que você fique inteiramente sexual. A fixação anal se torna tão importante que os genitais ficam menos importantes.

E, se algumas pessoas chegam ao estágio genital, se de alguma forma elas não se fixaram no oral nem no anal e se tornaram genitais, então a culpa é criada na humanidade a respeito do sexo, e o sexo passa a ser equivalente a pecado. O cristianismo considera o sexo um pecado tão grande que fica fingindo e tentando provar uma ideia tola, que Cristo nasceu de um milagre, que ele não nasceu de um relacionamento homem-mulher, mas que Maria era virgem. O sexo é um pecado tão grande... como a mãe de Jesus pôde fazer sexo? Para as pessoas comuns tudo bem, mas a mãe de Jesus... Como Jesus, um ser humano tão puro, pôde nascer a partir do sexo?

O sexo foi tão condenado que você não pode desfrutá-lo. É por isso que a energia permanece fixa em algum lugar, seja na região oral, na anal ou na genital. Ela não pode subir.

Assim, o Tantra diz que o primeiro grande trabalho precisa acontecer no *muladhar*. Para a liberdade oral, é de muita ajuda gritar, rir, berrar, chorar, choramingar. É por isso que minha ênfase recai em métodos catárticos de meditação; todos eles são de ajuda para liberar a fixação oral. E para liberá-lo da fixação anal, a respiração rápida e caótica é de muita ajuda, pois golpeia diretamente o centro anal e o habilita a relaxar o mecanismo anal. Daí a Meditação Dinâmica ser de imenso valor.

E então o centro sexual precisa ser liberado do fardo da culpa e da condenação. Você precisa começar a aprender sobre ele tudo de novo, e somente então o centro sexual danificado poderá funcionar de uma maneira saudável. Você precisa começar a reaprender a desfrutá-lo sem nenhuma culpa.

Há mil e um tipos de culpa. Na mente hindu há um medo de que o sêmen representa uma grande energia, e mesmo se uma única gota for perdida, você está perdido. Essa é uma atitude muito constipável, armazenar o sêmen para que nada seja perdido! Mas você é uma tal força dinâmica que na verdade cria essa energia a cada dia. Nada é perdido.

A mente hindu é muito obcecada pela *veerya*, pela energia do sêmen, e nenhuma gota deveria ser perdida! Eles estão continuamente com medo; assim, sempre que fazem amor, se fizerem amor, ficam muito frustrados, muito deprimidos, pois ficam pensando que muita energia foi perdida.

Nada é perdido, você não tem uma cota fixa de energia, você é um dínamo, você cria energia, cria-a a cada dia. Na verdade, quanto mais você a usa, mais a tem. Ela funciona como o restante do corpo: se você usa os músculos, eles se desenvolvem; se você caminha, suas pernas ficam mais fortes; se você corre, terá mais energia para correr. Não pense que uma pessoa que nunca correu e que de repente começa a correr terá energia; ela não terá, não terá nem mesmo a musculatura adequada para correr.

Use tudo o que lhe foi dado pela natureza e terá mais.

MEDITAÇÃO DINÂMICA

A MEDITAÇÃO DINÂMICA DE OSHO é um processo de uma hora, composto de cinco estágios: (1) respiração forte e caótica; (2) catarse; (3) aterramento e centramento; (4) atenção silenciosa; e (5) celebração por meio da dança. Osho desenvolveu essa meditação especialmente para as pessoas de hoje e supervisionou a composição da música que acompanha cada estágio do processo. Para obter instruções e informações mais detalhadas sobre onde encontrar a música, consultar o *site* www.osho.com/dynamic

Assim, há a loucura hindu, a de armazenar, o que está alinhado com a constipação. E há a loucura americana que é como a diarreia: simplesmente jogue tudo fora, continue a jogar, com sentido ou sem sentido, mas continue a jogar. Dessa maneira, mesmo uma pessoa com 80 anos de idade ainda pensa de maneira infantil.

O sexo é bom, é bec, mas não é o fim, ele é o alfa, mas não o ômega. A pessoa precisa ir além dele, mas dizer que a pessoa precisa ir além dele não é uma condenação! A pessoa precisa passar *através* dele para ir além dele.

O Tantra é a atitude mais saudável em relação ao sexo, ele diz que o sexo é bom, é saudável, é natural, mas o sexo tem mais possibilidades do que apenas reprodução e também mais possibilidades do que apenas divertimento. O sexo está carregando algo do supremo em si, algo do samádi, da transcendência.

O chacra *muladhar* precisa ser relaxado, relaxado da constipação e relaxado da diarreia. O chacra *muladhar* precisa funcionar no seu melhor, cem por cento, então a energia começa a se mover.

O segundo chacra é o *svadhisthan*, o *hara*, o centro da morte. Esses dois centros estão danificados porque o ser humano tem medo do sexo e da morte. A morte tem sido evitada... "Não fale sobre ela, esqueça-se dela! Ela não existe, e mesmo se às vezes ela acontece, não preste nenhuma atenção a ela e continue a pensar que você viverá para sempre; evite a morte."

O Tantra diz para não evitar o sexo e para não evitar a morte. É por isso que Saraha foi a um terreno de cremação para meditar, e não para evitar a morte. E ele foi com a mulher que fazia arcos e flechas para viver uma vida saudável, repleta de sexo, no melhor possível do sexo. No terreno de cremação, vivendo com uma mulher, esses dois centros precisaram ser liberados: o centro da morte e o do sexo. Uma vez que você aceite a morte e não tenha medo dela, uma vez que aceite o sexo e não tenha medo dele, seus dois centros mais baixos relaxam.

E esses são os dois centros que foram danificados pela sociedade, gravemente danificados. Uma vez que eles sejam liberados... os outros cinco centros não estão danificados, não houve necessidade de danificá-los, pois as pessoas não vivem nesses outros cinco centros.

Esses dois centros estão naturalmente disponíveis; o nascimento aconteceu, o centro sexual, *muladhar*, e a morte irá acontecer, *svadhisthan*, o segundo centro. Essas duas coisas existem na vida de todos, então a sociedade destruiu ambos os centros e tentou manipular o ser humano, dominá-lo por meio desses dois centros.

O Tantra diz para meditar enquanto você faz amor, para meditar enquanto alguém morre; vá, observe, perceba, sente-se ao lado do moribundo, sinta, participe de sua morte, entre em uma profunda meditação com o moribundo. E, quando uma pessoa está morrendo, há uma possibilidade de você ter uma amostra da morte, porque, quando ela está morrendo, ela libera muita energia do chacra *svadhisthan*... Ela precisa fazer isso, porque está morrendo; toda a energia represada do chacra *svadhisthan* será liberada porque ela está morrendo. Sem liberá-la, ela não será capaz de morrer. Dessa maneira, quando um homem morre ou uma mulher morre, não perca a oportunidade. Se você estiver perto de uma pessoa que está morrendo, sente-se em silêncio, medite silenciosamente. Quando a pessoa morre, em uma explosão repentina a energia estará por toda a volta, e você poderá ter uma amostra da morte. Isso lhe dará um grande relaxamento, você experimentará que sim, a morte acontece, mas ninguém morre. Sim, a morte acontece, mas na verdade a morte *nunca* acontece.

Enquanto você estiver fazendo amor, medite para que possa saber que algo do samádi penetra na sexualidade; enquanto estiver meditando sobre a morte, entre fundo nisso para que possa perceber que algo do imortal entra na morte. Essas duas experiências o ajudarão a se elevar muito facilmente.

Felizmente os outros cinco centros não estão destruídos, mas perfeitamente em sintonia; apenas a energia precisa ser liberada para passar através deles. Se os primeiros dois cen-

entendendo a ciência do tantra 71

tros receberem ajuda para relaxar, a energia começa a se mover. Assim, deixe que a morte e o amor sejam seus dois objetos de meditação.

Muladhar significa a base, a raiz; ele é o centro do sexo, ou você pode chamá-lo de centro da vida, centro do nascimento. É do muladhar que você nasce, é do muladhar de sua mãe e do muladhar de seu pai que você entrou neste corpo. O próximo chacra é o svadhisthan, que significa "a morada do eu"; ele é o chacra da morte.

Esse é um nome muito estranho para o chacra da morte, "a morada do eu", svadhisthan, onde você realmente existe. Na morte? Sim. Quando você morre, você chega à sua pura existência, porque a única parte sua que morre é aquela que não é você; o corpo morre, o corpo que nasceu do muladhar. Quando você morre, o corpo desaparece, mas você desaparece? Não. Tudo o que foi dado pelo muladhar

é tirado pelo svadhisthan. Seu pai e sua mãe lhe deram um certo mecanismo do corpo, e isso é tirado na morte. Mas e você? Você existia mesmo antes de seu pai e de sua mãe terem se conhecido; você sempre existiu.

Alguém pergunta a Jesus sobre Abraão, o que ele pensa sobre esse profeta, e Jesus diz: "Abraão? Antes que Abraão existisse, Eu sou". Abraão viveu uns dois a três mil anos antes de Jesus, e este diz: "Antes que Abraão existisse, Eu sou". Do que ele está falando? No que se refere aos corpos, como ele pôde existir antes de Abraão? Ele não está falando do corpo, mas do "estado eu sou", de seu puro ser. Esse puro ser é eterno.

Assim, esse nome svadhisthan é belo. Esse é exatamente o centro que no Japão é conhecido como hara. É por isso que no Japão o suicídio é conhecido como harakiri, matar a si mesmo pelo centro do hara. Esse svadhisthan tira apenas o que foi dado pelo *muladhar*, mas o que veio da eternidade, sua consciência, não é tirado.

Os hindus foram grandes investigadores da consciência e chamaram esse centro de *svadhisthan* porque, quando você morre, então você sabe quem é você. Morra em amor e saberá quem é você, morra em meditação e saberá quem é você, morra para o passado e saberá quem é você, morra para a mente e saberá quem é você. A morte é a maneira de saber.

Esses dois centros foram muito envenenados pela sociedade, e esses são os centros facilmente disponíveis para a sociedade. Além desses dois existem mais cinco centros.

O terceiro é o *manipura*, o quarto é o *anahata*, o quinto é o *visuddhi*, o sexto é o *ajna* e o sétimo é o *sahasrar*.

O terceiro centro, *manipura*, é o centro de todos os seus sentimentos e emoções. Nós reprimimos nossas emoções no *manipura*. Ele significa o diamante; a vida é valiosa por causa dos sentimentos, das emoções, da risada, do choro, das lágrimas, dos risos... A vida é valiosa por causa de todas essas coisas; essas são a glória da vida, daí o chacra ser chamado de *manipura*, o chacra diamante.

Apenas o ser humano é capaz de ter esse precioso diamante. Os animais não podem rir, naturalmente, e também não podem chorar. As lágrimas pertencem a uma certa dimensão apenas disponível ao ser humano. A beleza das lágrimas, a beleza da risada, a poesia das lágrimas e a poesia da risada estão disponíveis apenas ao ser humano. Todos os outros animais existem apenas com dois chacras: o *muladhar* e o *svadhisthan*. Eles nascem e eles morrem, e entre esses dois não existe muita coisa. Se você também nasce e morre e nada mais acontece, você é um animal, e ainda não é um ser humano. E milhões e milhões de pessoas existem apenas com esses dois chacras e nunca vão além deles.

Foi-nos ensinado a reprimir sentimentos, a não sermos sentimentais, que ser sentimental não vale a pena; seja prático, seja duro, não seja dócil, não seja vulnerável, senão você será explorado. Seja duro! Pelo menos *mostre* que você é duro, pelo menos finja que você é perigoso, que não é um ser dócil. Crie medo à sua volta e não ria, porque, se rir, não poderá criar medo à sua volta. Não chore; se você chorar, mostrará que tem medo; não mostre suas limitações humanas, finja que você é perfeito.

Reprima o terceiro centro e você se tornará um soldado; não um ser humano, mas um soldado, uma pessoa do exército, um ser humano falso.

entendendo a ciência do tantra 73

Muito trabalho é feito no Tantra para relaxar esse terceiro centro. As emoções precisam ser realçadas, relaxadas; quando você sente vontade de chorar, você precisa chorar; quando você sente vontade de dar risada, você precisa rir. Você precisa abandonar essa repressão sem sentido, precisa aprender a expressão, pois apenas por meio de seus sentimentos, de suas emoções e de sua sensibilidade você chega àquela vibração mediante a qual a comunicação é possível.

Você já não percebeu isto? Você pode falar tanto quanto quiser, e nada é dito, mas uma lágrima escorre de sua face e tudo é dito. Uma lágrima pode dizer muito mais... Você pode falar por horas e isso de nada adiantará, e uma lágrima pode dizer tudo. Você pode ficar dizendo: "Estou muito feliz", isso e aquilo... Mas uma pequena risada, uma risada real e autêntica, e você não precisa dizer nada; a risada diz tudo. Quando você vê um amigo, sua face fica radiante, lampeja de alegria.

O terceiro centro precisa se tornar cada vez mais disponível. Ele é contra o pensamento; então, se você permite o terceiro centro, relaxará mais facilmente sua mente tensa. Seja autêntico, sensível, toque mais, sinta mais, ria mais, chore mais. E lembre-se: você não pode fazer mais do que é necessário, não pode exagerar, não pode trazer nem mesmo uma única lágrima a mais do que é necessário e não pode rir mais do que é necessário. Assim, não fique com medo e não seja mesquinho.

O Tantra permite à vida todas as suas emoções.

Esses são os três centros inferiores, inferiores não no sentido de avaliação; esses são os três degraus mais baixos da escada.

Então vem o quarto centro, o centro do coração, chamado de *anahata*. A palavra é bela; ela significa "som não proferido", exatamente o que as pessoas do Zen querem dizer quando perguntam: "Você ouviu o som de uma só mão batendo palmas?" Som não proferido...

O coração está exatamente no meio: três centros abaixo e três acima. E o coração é a porta do mais baixo para o mais alto ou do mais alto para o mais baixo. O coração é como um cruzamento.

Você não pode rir mais do que é necessário. Assim, não fique com medo e não seja mesquinho.

E o coração foi completamente desviado. Não lhe ensinaram a "ter coração", não lhe permitiram entrar no reino do coração, porque ele é muito perigoso. Ele é o centro do som sem som, é o centro não linguístico, do som não proferido. A linguagem é um som proferido; precisamos criá-la com nossas cordas vocais, ela precisa ser proferida, é duas mãos batendo palmas. O coração é uma só mão batendo palmas. No coração não há palavras; ele é ausência de palavras.

Evitamos completamente o coração, nós nos desviamos dele e nos movemos de tal maneira em nosso ser como se o coração não existisse. Ou, no máximo, como se ele fosse apenas um mecanismo de bombear para a respiração, e isso é tudo. Ele não é só isso. Os pulmões não são o coração; o coração está oculto atrás dos pulmões, e isso também não diz respeito ao corpo físico. Ele é o lugar de onde o amor surge.

É por isso que o amor não é um sentimento. O amor sentimental pertence ao terceiro centro, e não ao quarto. O amor não é apenas sentimental; ele tem mais profundidade do que o sentimento, tem mais validade do que o sentimento. Os sentimentos são momentâneos.

Mas o sentimento do amor é interpretado erroneamente como a experiência do amor. Um dia você se apaixona por um homem ou por uma mulher, e no dia seguinte a paixão se foi, e você chama isso de amor. Isso não é amor, mas um sentimento. Você gostava da mulher, *gostava*, lembre-se, e não *amava*; era um "gostar", assim como você gosta de sorvete. O gostar vem e vai, é momentâneo, não pode durar muito tempo, não tem nenhuma capacidade de durar muito tempo. Você gosta de uma mulher, fez amor com ela, e acabou! O gostar acabou, assim como você gostou do sorvete... você o tomou e agora não olha mais para ele. E, se alguém insistir em lhe dar mais sorvete, você dirá: "Agora ele está me deixando enjoado, pare! Não posso tomar mais."

O gostar não é amor, e nunca confunda o gostar com o amor, senão toda a sua vida será apenas um vagar sem destino. Você vagará de uma pessoa a outra e a intimidade nunca crescerá.

O quarto centro, o *anahata*, é muito importante porque é no coração que pela primeira vez você se relacionou com sua mãe. Foi por meio do coração que você se relacionou com sua mãe, e não por meio da cabeça. No amor profundo, no orgasmo profundo, novamente você se relaciona por meio do coração, e não por meio da cabeça. Na meditação, na prece, o mesmo acontece: você se relaciona com a existência por meio do coração, coração-a-coração. Sim, trata-se de um diálogo coração-a-coração, e não cabeça-a-cabeça. Ele não é linguístico.

E o centro do coração é o centro de onde surge o som sem som. Se você relaxar no centro do coração, você o escutará, e essa é uma grande descoberta. Aqueles que entraram no coração escutaram um cântico contínuo dentro de seu ser, cântico que soa como *aum*. Você já escutou um cântico que continua por si mesmo, e não por você *fazê-lo*?

É por isso que não sou a favor de mantras. Você pode ficar cantando *aum, aum, aum*, e pode criar um substituto mental para o coração, mas isso não irá ajudá-lo, pois se trata de uma ilusão. Você pode continuar a cantar por anos e pode criar um falso som dentro de si mesmo, como se o seu coração estivesse falando, mas ele não está.

Para conhecer o coração, você não precisa entoar *aum*, mas simplesmente ficar em silêncio.

entendendo a ciência do tantra 75

Um dia, subitamente, o mantra está ali; um dia, quando você caiu no silêncio, subitamente você escuta, o som está vindo de lugar nenhum ele está surgindo de você a partir da essência; ele é o som de seu silêncio interior. Assim como em uma noite silenciosa há um certo som, o som do silêncio, exatamente assim, em um nível muito mais profundo, surge um som em você.

Ele surge, deixe-me lembrá-lo repetidamente, não é que você o traga, não é que você repita *aum, aum*... Não, você não diz uma única palavra e está simplesmente quieto, simplesmente em silêncio. E ele jorra como uma fonte... de repente ele começa a fluir, ele está ali, você o escuta e não o pronuncia.

Esse é o significado quando os muçulmanos dizem que Maomé *escutou* o Alcorão; esse é o significado, e é exatamente isso que acontece na essência de seu coração. Não que você o diga, mas você o *escuta*. Maomé escutou o Alcorão, escutou-o acontecer por dentro. Ele ficou realmente perplexo e nunca tinha escutado nada como aquilo. Aquilo foi tão desconhecido, tão pouco familiar que a história diz que ele ficou doente. Foi muito estranho! Se um dia você estiver sentado em seu quarto e subitamente começar a escutar por dentro *aum, aum* ou qualquer coisa assim, você começará a se perguntar: "Estou enlouquecendo?" Você não o está pronunciando, ninguém o está pronunciando... Você está enlouquecendo?

Maomé estava sentado sobre uma colina quando o escutou. Ele voltou tremendo para casa, suando, com uma febre alta; ele realmente ficou perturbado. Ele disse à sua esposa: "Traga todos os cobertores e me cubra! Nunca tive um tremor desse, estou com uma febre muito alta". Mas sua esposa pôde perceber que sua face estava iluminada: "Que tipo de febre é essa? Seus olhos estão chamejantes, incendiados com algo imensamente belo, e uma graça entrou com você na casa, um grande silêncio caiu sobre a casa". Até mesmo sua esposa começou a escutar algo, e ela disse a Maomé: "Não acho que isso seja uma febre, mas que Deus o abençoou. Não tenha medo! O que aconteceu? Conte-me!"

Sua esposa foi a primeira muçulmana; seu nome era Khadija. Ela foi a primeira a se converter, e disse: "Posso perceber, Deus lhe aconteceu, algo lhe aconteceu, algo está fluindo de seu coração para toda parte. Você se tornou luminoso! Você nunca foi assim antes; algo extraordinário aconteceu. Conte-me por que você está tão preocupado e tremendo. Talvez pareça estranho, mas conte-me".

E Maomé estava com muito medo do que ela pensaria, mas ele lhe contou e ela se tornou a primeira convertida; ela foi a primeira muçulmana.

Sempre aconteceu dessa maneira. Os hindus dizem que o Veda foi recitado pelo próprio Deus. Isso simplesmente significa que ele foi *escutado*. Na Índia, temos uma palavra para as escrituras sagradas, *shruti*, que significa aquilo que foi escutado.

Neste centro do coração, o chacra *anahata*, você escuta. Mas, se você não escutou nada dentro de você, nenhum som, nenhum *aum*, nenhum mantra, isso simplesmente significa

> *A cachoeira está presente, o som da água corrente está presente, mas você o evitou, desviou-se dela.*

que você evitou o coração. A cachoeira está presente, o som da água corrente está presente, mas você o evitou, desviou-se dele, tomou uma outra rota, pegou um atalho. O atalho simplesmente vai do terceiro centro evitando o quarto. O quarto é o centro mais perigoso porque é o centro a partir do qual a confiança nasce, a fé nasce, e a mente deseja evitá-la. Se a mente não a evitar, então não haverá possibilidade para a dúvida. A mente vive por meio da dúvida.

Esse é o quarto centro, e o Tantra diz que por meio do amor você virá a conhecer esse quarto centro.

O quinto centro é chamado *visuddhi*, que significa pureza. Certamente, depois que o amor aconteceu, há pureza e inocência, e nunca antes. Apenas o amor purifica, *apenas* o amor, e nada mais. Mesmo a pessoa mais feia, no amor ela se torna bela. O amor é o néctar, ele limpa todos os venenos. Assim, o quinto chacra é chamado de *visuddhi*, que significa pureza, pureza absoluta. Ele é o centro da garganta.

E o Tantra diz para você falar somente quando chegar ao quinto centro via o quarto; fale somente por meio do amor, do contrário não fale. Fale por meio da compaixão, do contrário não fale! Qual é o sentido de falar? Se você veio por meio do coração e se escutou a existência falando dali, ou a existência correndo ali como uma cachoeira, se você escutou o som da existência, o som de uma só mão batendo palmas, então você tem permissão para falar, então seu centro da garganta pode transmitir a mensagem e algo pode ser despejado mesmo nas palavras. Quando você o *tem*, ele pode ser despejado mesmo nas palavras.

Muito poucas pessoas chegam ao quinto centro, muito raramente, porque elas nem mesmo vão ao quarto, então como podem chegar ao quinto? É muito raro... Em algum lugar um Cristo, um Buda, um Saraha... eles chegaram ao quinto. A própria beleza de suas palavras é imensa; o que dizer de seu silêncio? Até mesmo suas palavras carregam o silêncio. Eles falam e, ainda assim, não falam; eles dizem o indizível, o inefável, o inexprimível.

Você também usa a garganta, mas isso não é *visuddhi*. Esse chacra está completamente morto. Quando esse chacra começa a funcionar, suas palavras têm mel, têm uma fragrância, uma música, uma dança. Então tudo o que você diz é poesia, tudo o que você pronuncia é pura alegria.

E o sexto chacra é o *ajna*, que significa ordem. Com o sexto chacra você está em ordem, e nunca antes. Com o sexto chacra você se torna um mestre, e nunca antes. Antes dele você era um escravo. Com o sexto chacra, tudo o que você diz acontece, tudo o que você deseja acontece; com o sexto chacra você tem vontade, e nunca antes. Antes, a vontade não existe.

Mas há um paradoxo nisso. Com o quarto chacra o ego desaparece, com o quinto chacra todas as impurezas desaparecem, e então você tem vontade e não pode prejudicar ninguém por meio de sua vontade. Na verdade, não é mais a sua vontade, mas a vontade da existência, porque o ego desaparece no quarto e todas as impurezas desaparecem no quinto. Agora você é o mais puro ser, apenas um veículo, um instrumento, um mensageiro. Agora você tem vontade porque você não é; agora a vontade da existência é a sua vontade.

Muito raramente uma pessoa chega a esse sexto chacra, pois de uma certa maneira esse é o último. No mundo, esse é o último. Além dele está o sétimo, mas então você entra em um mundo totalmente diferente, em uma realidade separada. O sexto é a última fronteira, o último posto avançado.

O sétimo é o *sahasrar*, que significa lótus de mil pétalas. Quando sua energia se move para o sétimo, o *sahasrar*, você se torna um lótus. Agora você não precisa ir a nenhuma outra flor para pegar o néctar; agora as abelhas começam a vir a você, agora você atrai as abelhas de toda a terra. Seu *sahasrar* se abriu e seu lótus está em pleno florescimento. Esse lótus é o nirvana.

O mais baixo é o *muladhar*. Do mais baixo a vida nasce, a vida do corpo e dos sentidos. Com o sétimo, novamente a vida nasce, a vida eterna e não a do corpo, não a dos sentidos.

Essa é a fisiologia do Tantra; ela não é a fisiologia dos livros médicos; por favor, não a procure nos livros médicos, pois ela não está ali. Ela é uma metáfora, é uma maneira de falar, é um mapa para tornar as coisas compreensíveis. Se você caminhar dessa maneira, nunca chegará ao estado anuviado de pensamentos. Se você evitar o quarto chacra, então você vai para a cabeça, e estar na cabeça significa não estar no amor; estar em pensamentos significa não estar na confiança, pensar significa não perceber.

entendendo a ciência do tantra 79

tantra é transcendência

O Tantra é transcendência; é não é permissividade nem repressão, mas caminhar numa corda bamba que exige muito equilíbrio. Ele não é tão fácil quanto aparenta, pois precisa de uma percepção muito refinada. O Tantra é uma grande harmonia

O Tantra é transcendência; ele não é permissividade nem repressão, mas caminhar em uma corda bamba que exige um enorme equilíbrio. Ele não é tão fácil quanto aparenta, pois precisa de uma percepção muito refinada. Ele é uma grande harmonia.

É muito fácil para a mente ser permissiva, e o oposto também é muito fácil, renunciar. É muito fácil para a mente mover-se para o extremo. Permanecer no meio, exatamente no meio, é o mais difícil para a mente porque é um suicídio para ela. No meio, a mente morre e a não mente surge. É por isso que Buda chamou o seu caminho de *majjhim nikaya*, o caminho do meio.

Saraha é um discípulo de Buda, da mesma linhagem, com a mesma compreensão, com a mesma percepção. Então esse ponto fundamental precisa ser entendido, do contrário você entenderá mal o Tantra.

O que é essa lâmina de navalha? O que é estar exatamente no meio?

Para ser permissivo no mundo, nenhuma consciência é necessária; para reprimir desejos mundanos, novamente nenhuma consciência é necessária. Suas supostas pessoas mundanas e suas supostas pessoas espirituais não são muito diferentes. Elas podem estar de costas uma para a outra, mas não são diferentes, e sim exatamente o mesmo tipo de mente. Alguém está correndo atrás do dinheiro, e uma outra pessoa é tão contrária ao dinheiro que tem medo até de olhar para uma cédula de dinheiro; um profundo receio surge nela. Essas pessoas não são diferentes, pois para ambas o dinheiro é de grande importância. Uma está na ganância e a outra está no medo, mas a importância do dinheiro é a mesma; ambas estão obcecadas pelo dinheiro.

Um homem está continuamente pensando em mulheres, sonhando e fantasiando, e um outro ficou com tanto medo que fugiu para o Himalaia apenas para evitar as mulheres, mas ambos são iguais. Para ambos, a mulher é importante, ou o homem é importante; o *outro* é importante. O primeiro procura o outro, e o segundo evita o outro, mas o outro permanece o seu foco.

O Tantra diz que o outro não deve ser o foco, nem dessa nem daquela maneira. Isso pode acontecer apenas mediante uma grande compreensão. A atração pelo outro precisa ser entendida; nem ser permissivo nem evitar, mas compreender.

entendendo a ciência do tantra 81

O Tantra é muito científico. A palavra "ciência" significa entendimento, significa saber. O Tantra diz que o saber liberta. Se você souber exatamente o que é a ganância, você se livra dela, e não há necessidade de renunciar a ela. A necessidade de renunciar a ela surge somente porque você não entendeu o que é a ganância; a necessidade de fazer voto contra o sexo é necessária somente porque você não entendeu o que é o sexo.

E a sociedade não permite que você o entenda, mas o ajuda a *não* entender. Através dos séculos, a sociedade tem evitado o próprio assunto do sexo e da morte; esses assuntos não devem ser considerados, não devem ser contemplados, não devem ser discutidos, não devem ser escritos, não devem ser pesquisados; eles devem ser evitados. Por causa disso, há uma grande ignorância a respeito deles, e essa ignorância é a causa-raiz. Existem dois tipos de pessoas que agem a partir dessa ignorância: os que são loucamente permissivos e os que ficam muito cansados e fogem.

O Tantra diz: O que está sendo loucamente permissivo nunca entenderá, pois está simplesmente repetindo um hábito; ele nunca investigará o hábito e a sua causa-raiz e, quanto mais for permissivo, mais mecânico se tornará.

Você não observou isto? Seu primeiro amor tinha algo de soberbo, o segundo não foi tão soberbo, o terceiro foi ainda mais banal e o quarto foi apenas mundano. O que aconteceu? Por que o primeiro amor foi tão louvado? Por que as pessoas dizem que o amor acontece apenas uma vez? Porque na primeira vez ele não foi mecânico, então você estava um pouco atento a ele. Na vez seguinte você tinha uma expectativa e não estava tão alerta; na terceira vez você achava que sabia tudo sobre ele e não o investigou; e na quarta vez ele era apenas mundano e você se acomodou a um hábito mecânico.

Com a permissividade, o sexo se torna um hábito. Sim, ele dá um pouco de alívio, como um espirro, mas não mais do que isso. Ele é um alívio físico de energia; você fica tão carregado de energia que precisa jogá-la fora apenas para juntá-la de novo pela comida, por me o de exercícios, pela luz do sol. Você novamente a junta e novamente a joga fora. É isto que uma pessoa permissiva fica fazendo: cria uma grande energia e depois a joga fora, sem nenhum propósito, sem nenhum significado. Ao tê-la, ela sofre a sua tensão, e, ao jogá-la fora, sofre de fraqueza. A pessoa permissiva simplesmente sofre.

Nunca pense que uma pessoa permissiva é feliz, nunca! Ela é a pessoa mais infeliz do mundo. Como ela pode ser feliz? Ela espera, deseja a felicidade, mas nunca a alcança.

Mas lembre-se de que, ao dizer essas coisas, o Tantra não está propondo que você se mova para o outro extremo, não está dizendo que você deveria fugir deste mundo de permissividade. A fuga novamente se tornará um hábito mecânico. Ao ficar em uma caverna, a mulher não estará disponível, mas isso não faz muita diferença. Se a mulher não estiver disponível, o homem que renunciou ficará mais propenso a cair do que o homem que foi permissivo no mundo. Tudo o que você reprime se torna mais poderoso dentro de você; tudo o que você reprime se torna sua atração, tem uma atração magnética sobre você. O que foi reprimido se torna poderoso, ganha um poder de grandes proporções.

Preste atenção a esta piada:

Em um belo parque havia duas lindas estátuas de bronze de um rapaz e de uma moça em posições que expressavam atitudes de desejo amoroso. Elas estavam ali há uns trezentos anos, seus braços estendidos ardentemente um para o outro, mas nunca se encostando. Um dia um mágico passou por ali e disse com compaixão: "Tenho poder suficiente para dar vida a esses dois por uma hora, então vou fazer isso. Por uma hora eles poderão se beijar, se tocar, se abraçar e fazer amor um com o outro". Assim, ele agitou sua varinha mágica, e imediatamente as estátuas saltaram de seus pedestais e de mãos dadas correram para trás de uns arbustos.

Houve uma grande agitação por trás dos arbustos, sons de excitação e gritos. Com uma irresistível curiosidade, o mágico se aproximou devagar e deu uma olhada por entre as folhas.

O rapaz estava segurando um passarinho, sobre o qual a moça estava agachada. De repente ele deu um salto e disse: "Agora é a sua vez de segurá-lo enquanto eu faço cocô nele".

Trezentos anos de passarinhos fazendo cocô neles... Então quem se importa em fazer amor? Aquela era a repressão deles.

Você pode ficar sentado em uma caverna e se tornar uma estátua, mas o que você reprimiu pairará à sua volta e será o que tomará conta do seu pensamento. O Tantra diz para tomar cuidado com a permissividade e com a renúncia. Tome cuidado com as duas, pois ambas são armadilhas. De uma ou de outra maneira você ficará enroscado na mente.

Então, qual é o caminho?

O Tantra diz que a consciência é o caminho. A permissividade é mecânica, a repressão é mecânica, ambas são mecânicas. A única maneira de sair de coisas mecânicas é ficar atento, alerta. Não vá ao Himalaia, mas traga o silêncio do Himalaia para dentro de você. Não fuja, fique mais desperto, investigue as coisas profundamente sem medo e não escute o que seus pretensos religiosos ficam ensinando. Eles o deixam com medo e não permitem que você investigue o sexo, não permitem que você investigue a morte. Eles exploram os seus medos imensamente.

A única maneira de explorar uma pessoa é primeiro deixá-la com medo. Uma vez que você tenha medo, você está pronto a ser explorado. O medo é a base, ele precisa ser criado primeiro. Fizeram com que você tivesse medo; o sexo é um pecado, então há medo. Até mesmo enquanto estiver fazendo amor com o seu homem ou com sua mulher, você nunca investiga profundamente o ato amoroso; até mesmo enquanto está fazendo amor você o evita. Você está fazendo amor e está evitando o sexo, não deseja percebê-lo em sua realidade. O que é ele exatamente, por que ele o encanta, por que ele exerce uma atração magnética sobre você? Por quê? O que é ele exatamente, como ele surge, como ele toma conta de você, o que ele lhe dá e aonde ele o leva? O que acontece nele e o que acontece a partir dele? Aonde você chega repetidamente ao fazer amor? Você chega a algum lugar? Essas respostas precisam ser encontradas.

O Tantra é um encontro com a realidade da vida, e o sexo é fundamental, e assim é a morte. Estes são os dois chacras mais básicos e fundamentais, o *muladhar* e o *svadhisthan*. Ao compreendê-los, o terceiro chacra se abre; ao compreender o terceiro, o quarto se abre, e assim por diante. Quando você compreendeu o sexto chacra, esse próprio entendimento golpeia o sétimo chacra e ele desabrocha em um lótus de mil pétalas. Esse dia é de uma glória soberba, é o dia do encontro, é o dia do orgasmo cósmico. Nesse dia você abraça o divino e o divino o abraça; nesse dia o rio desaparece no oceano para sempre e não há retorno.

Mas precisa ser alcançado o entendimento de cada estado de sua mente. Onde quer que você esteja, não tenha medo. Esta é a mensagem do Tantra: onde quer que você esteja, não tenha medo. Abandone apenas uma coisa: o medo. Apenas uma coisa deve ser temida, e essa é o medo. Destemido, com grande coragem, investigue a realidade, seja ela qual for. Se você for um ladrão, investigue isso; se você for uma pessoa raivosa, investigue isso; se você for ganancioso, investigue isso. Onde quer que você esteja, investigue isso e não fuja; investigue-o e passe por isso. Ao observar, atravesse-o. Se você puder caminhar com os olhos abertos na trilha da ganância, do sexo, da raiva e do ciúme, você se livrará deles.

Esta é a promessa do Tantra: a verdade liberta, o saber liberta. O saber é liberdade; fora isso, se você reprime ou é permissivo, o fim é o mesmo.

Aconteceu:

Havia um homem casado com uma mulher muito atraente, mas ele começou a suspeitar de sua fidelidade. Finalmente ele não pôde mais se conter e, ao estar em seu turno noturno de trabalho, pediu permissão a seu superior para sair. Assim, ele foi para casa às duas horas da madrugada e encontrou na frente de sua casa o carro de seu melhor amigo, exatamente como ele temia. Ele entrou, subiu as escadas, abriu a porta do quarto e lá estava sua esposa deitada completamente nua, fumando um cigarro e lendo um livro.

Ele ficou furioso e começou a procurar embaixo da cama, dentro do guarda-roupa, atrás da poltrona, mas não encontrou ninguém. Ele estava realmente louco de raiva e virou o quarto de

pernas para o ar. Então ele foi para a sala, jogou a televisão pela janela, chutou o sofá, virou a mesa e a estante. Depois ele voltou sua atenção para a cozinha, onde despedaçou o filtro d'água e deu um jeito de jogar a geladeira pela janela. Então ele se matou, dando um tiro na cabeça.

Quando ele chegou aos portões do paraíso, viu na fila de admissão seu melhor amigo, que lhe perguntou: "O que você está fazendo aqui em cima?"

O ultrajado marido explicou como havia perdido a razão, e depois perguntou: "Mas e você, como veio parar aqui?"

"Eu? Eu estava dentro da geladeira."

Ambos terminam da mesma maneira, esteja você em uma caverna no Himalaia ou no mundo, não faz muita diferença. Uma vida de permissividade e uma vida de repressão terminam as duas da mesma maneira, pois seus mecanismos não são diferentes. Sua aparência é diferente, mas a qualidade interior é a mesma.

A consciência traz uma qualidade diferente à sua vida. Com a consciência as coisas começam a mudar, a mudar imensamente, e não porque você as muda, não, absolutamente não. Uma pessoa consciente não muda nada, e

> *Você é o seu mundo; assim, se você muda, o mundo muda.*

uma pessoa inconsciente continuamente tenta mudar tudo, mas nunca é bem-sucedida em mudar alguma coisa. A pessoa consciente simplesmente descobre mudanças acontecendo, muitas mudanças acontecendo.

É a consciência que traz a mudança, e não seu esforço. Por que isso acontece por meio da consciência? Porque a consciência muda *você*, e, quando você é diferente, o mundo inteiro é diferente. Não é uma questão de criar um mundo diferente, mas apenas uma questão de criar um diferente *você*. Você é o seu mundo; assim, se você muda, o mundo muda; se você não muda, pode ficar mudando o mundo inteiro, mas nada muda; você insistirá em criar repetidamente o mesmo mundo.

Você cria o seu mundo; é a partir de você que o seu mundo é projetado. O Tantra diz que estar atento é a chave, a chave mestra que abre todas as portas da vida.

Assim, lembre-se, pois isso é realmente sutil. Se falo das tolices da repressão, você começa a pensar sobre a permissividade; se falo sobre as tolices da permissividade, você começa a pensar sobre a repressão. Isso acontece todos os dias, você se move imediatamente para o oposto. E o essencial é não ser tentado pelo oposto.

Ser tentado pelo oposto é ser tentado pelo demônio. No sistema tântrico, este é o demônio: ser tentado pelo oposto. Não há outro demônio; o único demônio é que a mente pode pregar uma peça em você, ela pode propor o oposto. Você é contra a permissividade? A mente diz: "Tão simples... agora reprima. Não seja permissivo, fuja, abandone todo este mundo, esqueça-se dele". Mas como você pode se esquecer dele? É simples se esquecer dele? Então por que você está fugindo para longe, então por que está com medo? Se você puder se esquecer do mundo tão facilmente, então esteja aqui e se esqueça dele. Mas você não pode estar aqui, pois sabe que o mundo o tentará. E esse entendimento momentâneo, esse falso entendimento que você acha que tem, não será de muita utilidade. Quando a tentação vem de desejos, você será uma vítima, e você sabe disso. Antes que isso aconteça, você quer fugir, fugir rápido, quer fugir da oportunidade. Por quê? Por que você quer fugir da oportunidade?

Na Índia, quando os pretensos santos estão hospedados na casa de alguém, não ficam com os donos da casa. Por quê? Qual é o medo? Na Índia, os pretensos santos não tocam em mulher, nem mesmo a olham. Por quê? Qual é o medo? De onde vem esse medo? Eles estão apenas evitando a oportunidade. Mas evitar a oportunidade não é uma grande conquista.

Apenas evitar a oportunidade não é de muita utilidade, mas apenas uma fachada falsa. Você pode acreditar nela, mas não pode enganar a existência. Na verdade, você nem mesmo pode se enganar. Em seus sonhos, o que você deixou para trás de uma maneira repressiva pipocará repetidamente e o deixará maluco. Seus pretensos santos nem mesmo são capazes de dormir bem; eles têm medo do sono. Por quê? Porque no sono o mundo que eles reprimiram se afirma em sonhos; o inconsciente começa a relatar seus desejos e diz: "O que você está fazendo aqui? Você é um tolo". O inconsciente novamente espalha a sua rede.

Enquanto você está acordado, você pode reprimir, mas, quando está dormindo, como pode reprimir? Você perde todo o controle; a mente consciente reprime, mas ela vai dormir. É por isso que em todas as antigas tradições os santos sempre tiveram medo do sono. Eles cortam seu sono de oito para sete horas, de sete para seis, se seis para cinco... quatro, três, duas. E tolos acham que essa é uma grande conquista; eles pensam: "Este é um grande santo, ele dorme apenas duas horas por noite". Na verdade, ele simplesmente está mostrando uma coisa: que está com medo de seu inconsciente; ele não dá tempo ao inconsciente para aflorar.

Quando você dorme por duas horas, o inconsciente não pode aflorar, pois essas duas horas são necessárias para o repouso do corpo. Você tem sonhos melhores e mais belos depois de ter descansado o suficiente. É por isso que você tem sonhos mais vívidos pela manhã, no começo da manhã. Primeiro as necessidades do corpo precisam ser supridas, o corpo precisa de repouso. Uma vez que o corpo tenha descansado, então a mente precisa de repouso, e isso é secundário.

E, quando a mente descansa, então o inconsciente, em um estado de repouso, libera seus desejos e os sonhos surgem.

O segundo ponto: se você descansa apenas duas horas à noite, pode haver sonhos, mas não será capaz de lembrá-los. É por isso que você se lembra apenas dos últimos sonhos, os que você sonha no começo da manhã. Você se esquece dos outros sonhos da noite porque estava tão profundamente adormecido que não pode se lembrar deles. Assim, o santo acha que não sonhou com sexo, que não sonhou com dinheiro, que não sonhou com poder, prestígio e respeitabilidade. Se ele dorme por duas horas, o sono é tão profundo e é uma tal necessidade para o corpo que parece um coma portanto ele não pode se lembrar.

Você se lembra dos sonhos somente quando está meio acordado e meio dormindo. Então o sonho pode ser lembrado, porque está próximo do consciente. Meio dormindo e meio acordado, algo do sonho se filtra para seu consciente e penetra nele, e pela manhã você pode se lembrar um pouco dele. É por isso que você fica surpreso ao perguntar a um trabalhador braçal que trabalha duro o dia inteiro: "Você sonha?", e receber um não como resposta. Todo mundo sonha, mas nem todos podem se lembrar. Ao trabalhar duro o dia inteiro, cortando lenha, cavando um buraco ou quebrando pedras por oito horas... quando eles caem no sono, ficam praticamente em coma. Há sonhos, mas não podem ser lembrados; não há como recapturá-los.

Assim, escute seu corpo, suas necessidades corporais; escute sua mente, escute as necessidades mentais. Não as evite, penetre nessas necessidades, investigue-as com um cuidado amoroso. Seja amável com seu corpo, com sua mente, se quiser um dia ir além deles. Ser amável é muito essencial.

Esta é a visão tântrica da vida: Seja amigável com suas energias de vida, não seja antagônico a elas.

os quatro *mudras*

O Tantra fala sobre quatro fechos, quatro mudras. *Para atingir o supremo, a pessoa passa por quatro portas, ela precisa abrir quatro fechaduras. Essas fechaduras são chamadas de quatro fechos, quatro* mudras. *Eles são muito importantes.*

O primeiro mudra é chamado de Karma Mudra. Ele é a porta mais externa, a periferia de seu ser, é a ação, e por isso é chamado de Karma Mudra. Karma significa ação, e a ação é a parte mais externa de seu ser, é a sua periferia. O que você *faz* é a sua periferia. Você ama alguém, odeia alguém, mata alguém, protege alguém... o que você faz é a sua periferia. A ação é a parte mais externa de seu ser.

O primeiro fecho é aberto ao ser total em sua ação... *total* em sua ação. Seja lá o que você fizer, faça-o com totalidade, e surgirá grande alegria. Se você estiver com raiva, seja totalmente raivoso e aprenderá muito com a raiva total. Se você estiver totalmente com raiva e inteiramente atento a ela, um dia a raiva desaparecerá. Não fará mais sentido ficar com raiva; você a entendeu, e agora ela pode ser abandonada.

Tudo o que é entendido pode ser facilmente abandonado. Apenas coisas que não foram entendidas continuam penduradas à sua volta. Portanto, seja total, seja qual for o caso. Tente ser total e alerta; esse é o primeiro fecho a ser aberto.

Lembre-se sempre: o Tantra é muito científico. Ele não diz para repetir um mantra, mas diz para estar atento em sua ação.

O segundo fecho é chamado de Gyana Mudra; um pouco mais profundo do que o primeiro, um pouco mais interior do que o primeiro, e é o conhecimento. Gyana significa conhecimento. Ação é a parte mais externa, o conhecimento é um pouco mais profundo. Você pode observar o que estou dizendo, mas não pode observar o que estou sabendo; o saber é interior. As ações podem ser observadas; os conhecimentos não podem ser observados, pois são interiores. O segundo fecho é o do conhecimento, Gyana Mudra.

Comece a saber o que você realmente sabe e pare de acreditar em coisas que você realmente não sabe. Alguém lhe pergunta: "Deus existe?", e você responde: "Sim, Deus existe", mas lembre-se: você realmente sabe? Se você não sabe, por favor, não diga que sabe. Diga: "Não sei". Se você for honesto e disser apenas o que sabe e acreditar apenas no que sabe, o segundo fecho será quebrado. Se você ficar acreditando em coisas que realmente não sabe, o segundo fecho jamais será quebrado. O conhecimento falso é o inimigo do conhecimento verdadeiro, e todas as crenças são conhecimento falso; você simplesmente acredita nelas. E seus pretensos santos ficam lhe dizendo: "Primeiro acredite, então você saberá".

entendendo a ciência do tantra 89

O Tantra diz para primeiro *saber*, e então a crença estará presente. Mas esse é um tipo totalmente diferente de crença; ela é confiança. Você acredita em Deus, você *sabe* do sol. O sol se ergue e você não precisa "acreditar" nele; ele está simplesmente presente, e você *sabe* disso. Em Deus você acredita; Deus é falso, seu Deus é falso.

Há um outro Deus, a divindade que vem por meio do saber. Mas a primeira coisa a ser feita é abandonar tudo o que você não sabe mas apenas "acredita" que sabe. Você sempre acreditou e sempre carregou o fardo; abandone esse fardo. De cem coisas, você será desafogado de quase noventa e oito, e permanecerão apenas algumas coisas que você realmente *sabe*. Você sentirá grande liberdade; sua cabeça não ficará tão pesada. E, com essa liberdade e ausência de peso, você entra no segundo *mudra*. O segundo fecho é quebrado.

O terceiro *mudra* é chamado de Samaya Mudra. *Samaya* significa tempo. A primeira, a camada mais externa, é a ação; a segunda camada é o conhecimento; a terceira é o tempo. O conhecimento desapareceu, e você está apenas no agora, permaneceu apenas o tempo mais puro.

Observe, medite sobre isto. No *agora* não há conhecimento, pois o conhecimento é sempre sobre o passado. No momento presente não há conhecimento, ele está completamente livre do conhecimento. Apenas este momento, o que você sabe? Nada é conhecido. Se você começar a achar que conhece isso e aquilo, isso virá do passado e não *deste* momento, não do *agora*. O conhecimento é do passado ou é uma projeção no futuro. O *agora* é livre de conhecimento.

Assim, o terceiro é o Samaya Mudra, estar neste momento. Por que o Tantra o chama de samaya, de tempo? Normalmente você acha que o passado, o presente e o futuro são as três divisões do tempo, mas esse não é o entendimento do Tantra. O Tantra diz que apenas o presente é o tempo. O passado não existe, ele já se foi; o futuro não existe, ele ainda não veio. Apenas o presente existe.

Estar no presente é estar realmente no tempo. Fora isso, você está ou na memória ou em sonhos, que são ambos falsos, ilusões. Assim, o terceiro fecho é quebrado ao estar no agora.

Primeiro, seja total em sua ação, e o primeiro fecho é quebrado. Segundo, seja honesto em seu conhecimento, e o segundo fecho é quebrado. E esteja apenas no aqui e agora, e o terceiro fecho é quebrado.

E o quarto fecho é chamado de Maha Mudra, o grande gesto... o mais íntimo, o espaço. Agora apenas o espaço mais puro permaneceu. Ação, conhecimento, tempo, espaço, esses são os quatro fechos. O espaço é sua essência, o ponto central da roda, o centro do ciclone.

Em seu vazio mais íntimo está o espaço, o céu.

PRAZER, ALEGRIA, ESTADO DE PLENITUDE

O primeiro prazer é quando sua energia está fluindo para fora, o prazer corporal. A alegria é quando sua energia está fluindo para dentro, a alegria subjetiva, psicológica. E quando o estado de plenitude acontece? Quando sua energia não está fluindo para lugar nenhum e está simplesmente ali. Você não está indo a lugar nenhum mas está simplesmente ali: você é apenas um ser. Agora você não tem nenhum objetivo, nenhum desejo a ser satisfeito. Você não tem nenhum futuro e está apenas aqui e agora. Quando a energia se tornou apenas um reservatório, sem ir a lugar nenhum, sem fluir para lugar nenhum, nenhum objetivo a ser atingido, nada a ser buscado, você está apenas aqui, imensamente aqui, totalmente aqui, este *agora* é todo o tempo que restou a você, e este *aqui* é todo o espaço... então, subitamente, essa concentração de energia que não está indo a lugar nenhum, que não está sendo distraída pelo corpo ou pela mente, torna-se um grande fluxo em você. E o lótus de mil pétalas se abre. Assim, o prazer e a alegria são os botões, a graça, a gratidão e a glória são as folhas, e esse florescimento supremo de plenitude é o preenchimento, a frutificação. Você chegou em casa.

PARTE III

fundamentos da
visão tântrica

O Tantra real não é uma técnica, mas o amor; não é uma técnica, mas um estado de prece; não é orientado pela cabeça, mas um relaxamento no coração. Por favor, lembre-se disso. Muitos livros foram escritos sobre o Tantra, e todos eles falam de técnica, mas o Tantra real nada tem a ver com técnica. O Tantra real não pode ser escrito; ele precisa ser sorvido.

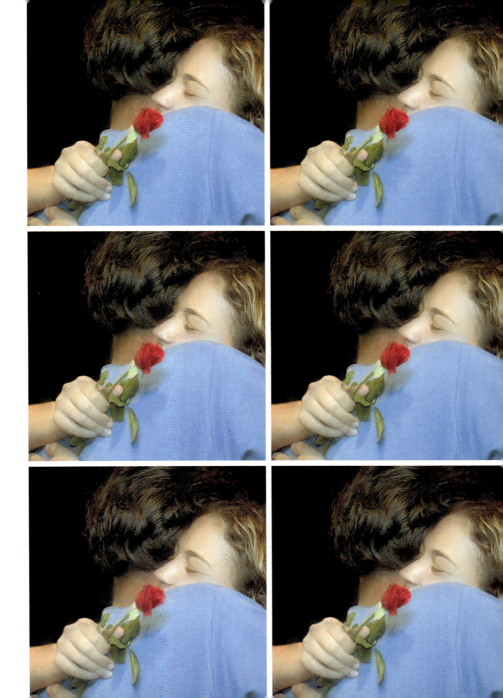

o caminho da inteligência

Há duas maneiras de abordar a realidade: o caminho do intelecto e o caminho da inteligência.
O caminho do intelecto é o de teorizar, de pensar a respeito, de especular. E todas as especulações são sem sentido, pois como você pode especular sobre o que você não sabe? Como você pode pensar sobre o que você não sabe?

O desconhecido não pode ser pensado, não há como pensar sobre ele. Só o que você pode pensar é sobre o conhecido que fica se repetindo em sua mente. Sim, você pode criar novas combinações de velhos pensamentos, mas apenas por fazer novas combinações você não irá descobrir o real. Você estará se enganando.

O intelecto é o grande enganador do mundo. Por meio dele o ser humano enganou a si mesmo desde o início dos tempos; por meio dele você *modifica* a realidade e não a explica; por meio dele você cria uma tal poeira à sua volta que absolutamente não pode perceber a realidade e é afastado do existencial. Você fica perdido em suas escrituras; nenhum ser humano se perdeu em algum outro lugar. É na selva das escrituras que o ser humano se perde.

O Tantra é o caminho da inteligência, e não do intelecto. Ele não responde a nenhuma pergunta, absolutamente não explica coisa alguma; ele é não explicativo. Ele não é um questionar, mas uma busca; ele não indaga *sobre* a verdade, mas *investiga* a realidade; ele penetra na realidade. Ele tenta destruir todas as nuvens à sua volta, de tal modo que você possa perceber a realidade como ela é.

Tantra é ir além do pensamento, e é por isso que o amor foi tão louvado pelos tântricos, é por isso que o orgasmo se tornou o símbolo da realidade suprema. A razão é que apenas no orgasmo você perde sua mente por alguns momentos. Esse é o único estado de não mente disponível ao ser humano comum, essa é a única possibilidade para você ter um vislumbre da realidade.

Daí o orgasmo sexual ter se tornado imensamente importante no caminho do Tantra. Não que ele lhe dê a realidade suprema, mas pelo menos lhe dá uma oportunidade de espiar além da mente. Ele lhe dá uma pequena janela, muito momentânea, não ficando ali por muito tempo, mas ainda assim essa é a única possibilidade de você ter algum contato com a realidade. Fora isso, você está sempre cercado pelos seus pensamentos, e os pensamentos não explicam nada. Todas as explicações são simplesmente tolices.

A realidade do ser humano é um mistério. Não há resposta para ela, pois em primeiro lugar ela

> *Conhecer a verdade é entrar na maior aventura que existe. Você poderá se perder, poderá nunca mais voltar, quem sabe?*

não é uma pergunta. Ela é um mistério a ser vivido, e não um problema a ser resolvido. E lembre-se da distinção entre um problema e um mistério: um mistério é existencial, um problema é intelectual. O mistério não é criado pela mente, então a mente também não pode resolvê-lo. O problema é criado pela mente em primeiro lugar, então a mente pode resolvê-lo; não há dificuldade nisso. Mas o mistério da vida, este mistério existencial que o circunda, estas árvores, estas estrelas, estes pássaros, as pessoas, você próprio... Como você pode resolvê-lo por meio da mente?

A mente chegou muito recentemente. A existência viveu sem a mente por um longo período, e a mente é apenas uma adição recente, ela acabou de acontecer. Os cientistas dizem que se dividirmos a história humana em vinte e quatro horas, em um dia, então a mente veio há apenas alguns segundos... há apenas alguns segundos! Como ela pode resolver alguma coisa? O que ela pode resolver? Ela não conheceu o começo, não conheceu o fim e veio apenas agora no meio. Ela não tem perspectiva.

Se a pessoa quiser realmente saber o que é este desconhecido, ela precisará deixar de lado a mente e desaparecer na existência. Esse é o caminho do Tantra.

O Tantra não é uma filosofia; ele é absolutamente existencial. E lembre-se: quando digo que o Tantra é existencial, não quero dizer o existencialismo de Sartre, de Camus, de Marcel e de outros. Esse existencialismo é novamente uma filosofia, uma filosofia da existência, mas não o caminho do Tantra. E a diferença é imensa.

Os filósofos existencialistas do Ocidente apenas se depararam com o negativo: a angústia, o desconforto, a depressão, a tristeza, a ansiedade, a desesperança, a falta de sentido, a falta de propósito... todos os negativos. O Tantra se deparou com tudo o que é belo, alegre e bem-aventurado. O Tantra diz que a existência é um orgasmo, um eterno orgasmo seguindo em frente, um orgasmo infindável, um êxtase.

Eles devem estar se movendo em direções diferentes. Sartre fica pensando sobre a existência, e o Tantra diz que o pensamento não é uma porta, que ele não leva a lugar nenhum, que ele é uma passagem que não dá em nada, que ele o leva apenas a um beco sem saída. A filosofia é boa se você estiver apenas vadiando, então você pode fazer tempestade em copa d'água e desfrutar da viagem.

Filosofia é fazer tempestade em copo d'água. Você pode seguir em frente indefinidamente, não há fim para ela. Por pelo menos cinco mil anos o ser humano tem filosofado sobre tudo, sobre o começo, sobre o fim, sobre o meio, sobre tudo, e nem mesmo uma única questão foi resolvida, nem a menor das questões foi resolvida ou dissolvida. A filosofia provou ser o mais inútil dos esforços, mas ainda assim as pessoas continuam com ela, sabendo perfeitamente bem que ela nunca contribui com nada. Por quê? Ela fica prometendo, mas

nunca entrega nada... Então por que as pessoas continuam com esse esforço?

    A filosofia é barata, não requer nenhum envolvimento, não é um compromisso. Você pode sentar-se em sua cadeira e ficar pensando; a filosofia é um sonho, não requer que você mude para perceber a realidade. É aqui onde a coragem é necessária, a coragem aventureira é necessária. Conhecer a verdade é entrar na maior aventura que existe. Você poderá se perder, poderá nunca mais voltar, quem sabe? Ou você pode voltar completamente mudado, e quem sabe se será para melhor ou não?

    A jornada é desconhecida, tão desconhecida que você nem pode planejá-la. Você precisa dar um salto dentro dela com os olhos vendados, na noite escura, sem mapa, sem saber para onde está indo, sem saber para que está indo. Apenas alguns atrevidos entram nessa aventura existencial.

    Assim, o Tantra tem apelo apenas para muito poucas pessoas, mas essas são o sal da terra.

além da permissividade

O Tantra não é um caminho de permissividade, e sim o único caminho para sair da permissividade, o único caminho para sair da sexualidade. Nenhum outro caminho jamais foi de ajuda ao ser humano; todos os outros caminhos tornaram o ser humano cada vez mais sexual.

O sexo não desapareceu, e os moralistas apenas o envenenam cada vez mais. Ele ainda está presente, e em uma forma envenenada. Sim, a culpa surgiu nos seres humanos, mas o sexo não desapareceu e não pode desaparecer, porque é uma realidade biológica e existencial e não pode simplesmente ser forçado a desaparecer ao ser reprimido. Ele somente pode desaparecer quando você se tornar tão alinhado que possa liberar a energia encapsulada na sexualidade, e a energia não é liberada pela repressão, mas pela compreensão. E uma vez que a energia seja liberada, da lama vem o lótus. O lótus precisa vir da lama e precisa subir, e a repressão o afunda ainda mais na lama.

O que a humanidade tem feito até agora é reprimir o sexo na lama da inconsciência, insistindo em reprimi-lo, sentando-se em cima dele e não permitindo que ele se mova, matando-o pelo jejum, pela disciplina, ao ir para uma caverna no Himalaia ou para um mosteiro onde mulheres não têm permissão para entrar. Existem mosteiros em que mulheres nunca entraram por centenas de anos, e existem mosteiros em que apenas monjas vivem e jamais um homem entrou. Essas são maneiras de reprimir e criam cada vez mais sexualidade e cada vez mais sonhos de permissividade.

Não, o Tantra não é um caminho de permissividade; ele é o único caminho para a liberdade. O Tantra diz que tudo o que existe precisa ser compreendido, e, pela compreensão, mudanças ocorrem por conta própria.

A permissividade é suicida, tão suicida quanto a repressão. Estes são os dois extremos que Buda diz para evitar: um extremo é a repressão, e o outro é a permissividade. Esteja exatamente no meio, nem seja repressivo nem seja permissivo. Simplesmente esteja no meio, atento, alerta, consciente. Trata-se da sua vida! Ela nem precisa ser reprimida nem desperdiçada, mas precisa ser entendida.

Trata-se da sua vida; cuide dela, ame-a, seja amigável com ela! Se você puder ser amigável com a sua vida, ela revelará muitos mistérios a você, ela o levará à porta do além.

Mas o Tantra absolutamente não é permissivo. As pessoas reprimidas sempre acharam que o Tantra é permissivo; suas mentes estão muito obcecadas. Por exemplo: um homem que entra em um mosteiro e vive lá sem nunca ver uma mulher... como ele pode acreditar que Saraha não está sendo permissivo quando vive com

uma mulher? E não apenas vive com ela, mas pratica coisas estranhas: fica sentado com uma mulher sem roupa e a observa, ou enquanto está fazendo amor com a mulher fica se observando e observando seu ato amoroso.

Ora, você não pode ver a observação dele, mas apenas que ele está fazendo amor com uma mulher. E, se você for reprimido, toda sua sexualidade reprimida aflorará e você começará a ficar maluco! Você projetará sobre Saraha tudo o que reprimiu em si mesmo, e Saraha não está fazendo nada disso, e sim entrando em uma dimensão totalmente diferente. Ele não está realmente interessado no corpo; ele quer perceber o que é essa sexualidade, quer perceber o que é essa atração pelo sexo, quer perceber o que é exatamente o orgasmo, quer estar meditativo no momento auge para que possa descobrir a pista e a chave...

talvez lá esteja a chave para abrir a porta para o além. Na verdade, ela está lá.

A natureza escondeu a chave em sua sexualidade. Por um lado, por meio da sexualidade a vida sobrevive, e esse é apenas um uso parcial de sua energia sexual. E por outro lado, se você penetrar em sua energia sexual com plena consciência, descobrirá que se deparou com uma chave que pode ajudá-lo a entrar no eterno. Um pequeno aspecto do sexo é que a partir dele seus filhos nascem, e o outro aspecto, o aspecto mais elevado, é que a partir dele você pode viver na eternidade.

A energia do sexo é a energia da vida. Normalmente não entramos além da varanda, nunca entramos no palácio, e Saraha está tentando entrar no palácio. Ora, as pessoas que foram até o rei devem ter sido pessoas reprimidas, e todas as pessoas são reprimidas.

Os políticos e os sacerdotes precisam ensinar a supressão porque é apenas por meio dela que as pessoas podem ser conduzidas à insanidade. Você pode governar pessoas insanas mais facilmente do que pessoas sãs. E, quando as pessoas são insanas em sua energia sexual, elas começam a entrar em outras direções, em direção ao dinheiro, ao poder, ao prestígio... De uma maneira ou de outra elas precisam expressar sua energia sexual, pois ela está fervendo por dentro; elas precisam liberá-la. Assim, a loucura pelo dinheiro ou o vício pelo poder se torna seu escape.

Toda esta sociedade está obcecada pelo sexo, e, se a obsessão pelo sexo desaparecer do mundo, as pessoas não serão loucas por dinheiro. Quem se importará com o dinheiro? E as pessoas não se importarão com o poder; ninguém vai querer ser um presidente ou um primeiro-ministro; para quê? A vida é tão imensamente bela em sua simplicidade, é tão soberba em sua simplicidade... por que a pessoa deveria querer se tornar "alguém"? Ser ninguém é tão delicioso; nada está faltando. Mas, se você destruir a sexualidade das pessoas e as tornar reprimidas, tanto ficará faltando que elas sempre desejarão ardentemente, achando que em algum lugar deve haver alegria, porque aqui ela está faltando.

O sexo é uma das atividades dadas pela natureza na qual você é repetidamente atirado para o momento presente. Normalmente você nunca está no presente, exceto quando está fazendo amor, e aí também apenas por alguns segundos.

O Tantra diz que a pessoa precisa entender o sexo, decodificá-lo. Se o sexo é tão vital a ponto de a vida vir dele, então deve haver algo mais nele. Esse algo mais é a chave para a transcendência.

além do tabu

Por que o sexo tem sido um tabu em todas as sociedades através dos tempos? Essa é uma questão muito complicada, mas também muito importante, e vale a pena entrar nela.

O sexo é o instinto humano mais poderoso. Os políticos e os sacerdotes entenderam desde o começo que o sexo é a energia mais propulsora no ser humano, e ele precisa ser mutilado, precisa ser cortado. Se ao ser humano for permitida total liberdade no sexo, então não haverá possibilidade de dominá-lo, será impossível fazer dele um escravo.

Você já não viu isto ser feito? Quando alguém quer usar um touro para puxar um carro de boi, o que ele faz? Ele o castra, destrói sua energia sexual. E você já percebeu a diferença entre um touro e um boi? Que diferença! Um boi é um pobre fenômeno, um escravo; um touro é uma beleza, é um fenômeno glorioso, um grande esplendor. Veja um touro caminhando, ele caminha como um imperador! E veja um boi puxando um carro de boi.

O mesmo foi feito com o ser humano: o instinto sexual foi restringido, cortado, mutilado. O ser humano não existe agora como um touro, mas como um boi, e cada ser humano está puxando mil e um carros de boi. Olhe e perceberá mil e um carros de boi atrás de você, e você está atado a eles. Por que não se pode atar um touro a um carro de boi? Porque ele é muito poderoso; se ele passar por uma vaca, ele se desfará de você e do carro de boi e irá até ela, não se importando nem um pouco com quem você é, e ele não escutará... Será impossível controlá-lo.

A energia do sexo é a energia de vida; ela é incontrolável. E os políticos e os sacerdotes não estão interessados em você, mas em canalizar a sua energia em outras direções. Assim, há um certo mecanismo por trás disso, o que precisa ser entendido.

A repressão do sexo e o tabu contra o sexo é a própria base para a escravidão humana. E o ser humano não pode ser livre a menos que o sexo seja livre; o ser humano não pode ser realmente livre a menos que sua energia sexual tenha seu crescimento natural permitido.

Estes são os cinco truques que transformaram o ser humano em um escravo, em um feio fenômeno, em um mutilado.

O primeiro: se alguém quiser dominar o ser humano, deverá mantê-lo o mais fraco possível; se os sacerdotes e os políticos quiserem dominá-lo, você precisará ser mantido tão fraco quanto possível. Sim, em certos casos são permitidas exceções, como quando for necessário lutar contra um inimigo. Os militares têm permissão de muitas coisas que as outras pessoas não têm. O exército está a serviço da morte e tem permissão para ser poderoso, de permanecer o mais poderoso possível, porque ele é necessário para matar o inimigo.

As outras pessoas são destruídas, são forçadas a permanecer fracas de mil e uma maneiras, e a melhor delas é não dar total liberdade ao amor, pois o amor é nutrição. Os psicólogos descobriram que se uma criança não receber amor ela se atrofia e fica fraca. Ela pode receber leite, remédios e tudo o mais, menos amor; não a abrace, não a beije, não a segure próximo do calor de seu corpo, e a criança ficará cada vez mais fraca, havendo mais chances de sua morte do que de sua sobrevivência. O que acontece? Por que isso? A criança de algum modo se sente nutrida, aceita, amada e necessária apenas ao ser abraçada, beijada e receber calor humano. Ela começa a se sentir com valor, começa a sentir um certo significado em sua vida.

Ora, desde a infância nós fazemos com que as crianças passem fome: não damos tanto amor quanto necessário e forçamos os jovens e as jovens a não terem relação sexual a menos que se casem. Na idade dos 14 anos, eles se tornam sexualmente maduros, mas a formação educacional deles pode levar mais tempo, mais dez anos, até a pessoa chegar aos 24, 25 anos de idade. Então ela pode fazer mestrado, doutorado... e precisamos forçá-la a não ter relação sexual.

A energia sexual chega a seu clímax aproximadamente aos 18 anos de idade. Nunca novamente um homem será tão potente e nunca novamente uma mulher será capaz de ter um orgasmo mais intenso do que nessa idade. Mas tentamos forçá-los a não fazer amor, forçamos os rapazes e as moças a terem dormitó-

rios separados; eles são mantidos separados, e entre os dois está todo o mecanismo da polícia, dos juízes, dos diretores, dos professores, dos zeladores... Todos eles estão ali, bem no meio, impedindo que os rapazes se aproximem das moças e impedindo que as moças se aproximem dos rapazes. Por que isso? Por que tanto cuidado é tomado? Eles estão tentando matar o touro e criar um boi.

Quando você tem 18 anos de idade está no auge de sua energia sexual, de sua energia amorosa. E, quando você se casa na idade dos 25, 26, 27 anos... a idade sobe cada vez mais. Quanto mais culto for um país, mais a pessoa espera, porque mais precisa ser aprendido, um emprego precisa ser encontrado, isso e aquilo. Quando ela se casa, está praticamente declinando em seus poderes.

Então você faz amor, mas o ato amoroso nunca se torna realmente quente, nunca chega ao ponto em que as pessoas evaporam; ele permanece morno. E, quando você não foi capaz de amar totalmente, não poderá amar seus filhos, porque você não sabe como. Quando você não foi capaz de conhecer o cume, como poderá ensinar seus filhos? Como poderá ajudar seus filhos a chegar ao cume do amor?

Dessa maneira, através dos tempos foi negado amor ao ser humano para que ele permanecesse fraco.

Segundo: mantenha o ser humano tão ignorante e iludido quanto possível, para que ele possa ser facilmente enganado. E, se você deseja criar um tipo de idiotice, a qual é uma necessidade para o sacerdote, para o político e para a conspiração deles, então o melhor é não permitir que a pessoa entre livremente no amor. Sem amor, a inteligência da pessoa diminui. Você não observou isto? Quando você se apaixona, de repente todas as suas capacidades ficam em seu ponto culminante, no auge. Há um momento você parecia apático e, então, encontra a pessoa amada, e de repente uma grande alegria emerge de seu ser, você fica irradiante. Enquanto as pessoas estão amando, elas atuam em seu máximo e, quando o amor desaparece ou deixa de estar presente, elas atuam em seu mínimo.

As pessoas mais inteligentes são as mais sexuais. Isso precisa ser entendido, porque a energia do amor é basicamente inteligência. Se você não puder amar, ficará fechado, frio, não poderá fluir. Enquanto a pessoa está amando, ela flui e se sente tão confiante que pode tocar as estrelas. É por isso que a mulher se torna uma grande inspiração, que o homem se torna uma grande inspiração. Quando uma mulher é amada, ela fica *imediata* e instantaneamente mais bonita! Há um momento ela era apenas uma mulher comum, e agora o amor se derramou sobre ela, e ela é banhada por uma energia totalmente nova, uma aura nova surge à sua volta. Ela caminha com mais graça, uma dança surge em seu passo. Agora seus olhos têm imensa beleza, sua face brilha, ela fica luminosa. E o mesmo acontece com o homem.

Quando as pessoas estão amando, elas atuam da melhor maneira possível. Não permita o amor, e elas permanecem no mínimo e, quando permanecem no mínimo, ficam estúpidas, ignorantes e não se importam em saber. E, quando as pessoas são ignorantes, estúpidas e iludidas, podem ser facilmente enganadas. Quando as pessoas são sexualmente reprimidas, quando seu amor é reprimido, começam a almejar a vida após a morte, pensam no céu, no paraíso, mas não pensam em criar o paraíso aqui e agora.

Quando você está amando, o paraíso é aqui e agora. Então você não se importa, e quem vai ao sacerdote, quem se importa se deveria ou não haver um paraíso? Você já está nele! Você deixa de se interessar por ele. Mas, quando sua energia amorosa é reprimida, você começa a pensar: "Aqui não é bom, o agora é vazio, mas em algum lugar deve haver algum objetivo...". Você vai ao sacerdote e pergunta sobre o paraíso, e ele descreve belas imagens...

O sexo foi reprimido para que você possa ficar interessado na vida após a morte. E, quando as pessoas estão interessadas na vida após a morte, naturalmente não ficam interessadas *nesta* vida.

O Tantra diz que esta vida é a única vida e que a outra vida está oculta nesta vida! Esta não é contrária àquela, não está distante dela, mas está dentro dela. Penetre nesta vida. *É isto!* Penetre nela e também descobrirá a outra. Deus está oculto no mundo, e essa é a mensagem do Tantra. Uma grande mensagem, soberba, incomparável: Deus está oculto no mundo, está oculto no aqui e agora. Se você amar, será capaz de sentir isso.

O terceiro segredo: mantenha o ser humano tão amedrontado quanto possível. E a maneira segura é não lhe permitir o amor, porque o amor aniquila o medo, expulsa o medo. Quando você está amando, você não tem medo; quando está amando, pode lutar contra o mundo inteiro; quando está amando, sente-se infinitamente capaz de qualquer coisa. Mas, quando não está amando, tem medo de pequenas coisas, fica mais interessado em segurança e em proteção e, quando está amando, fica mais interessado em aventura, em investigação.

As pessoas não tiveram permissão para amar porque essa é a única maneira de torná-las amedrontadas. E, quando elas estão com medo e trêmulas, estão sempre de joelhos, curvando-se para o sacerdote e para o político.

Essa é uma grande conspiração contra a humanidade, contra *você*! Seus políticos e seus sacerdotes são seus inimigos, mas fingem ser servidores públicos. Eles dizem: "Estamos aqui para servi-lo, para ajudá-lo a atingir uma vida melhor, para criar uma melhor qualidade de vida para você". E eles são os destruidores da própria vida.

O quarto: mantenha o ser humano tão infeliz quanto possível, porque uma pessoa infeliz fica confusa, não tem auto-estima, condena-se e sente que deve ter feito alguma coisa errada. Uma pessoa infeliz não tem uma base de sustentação, pode ser empurrada para lá e para cá, pode ser transformada muito facilmente em um joguete e está sempre disposta a ser comandada, a ser ordenada, a ser disciplinada, porque ela sabe: "Por mim mesma sou simplesmente infeliz, mas talvez alguém possa disciplinar minha vida". Ela é uma vítima à mão.

E o quinto: mantenha as pessoas tão alienadas umas das outras quanto possível, para que não possam se unir para algum propósito que o sacerdote e o político não aprovem. Mantenha as pessoas separadas umas das outras, não permita que elas tenham muita intimidade. Quando as pessoas estão separadas, isoladas, alienadas umas das outras, elas não podem se unir, e existem mil e um truques para mantê-las separadas.

Por exemplo: se você for um homem e estiver segurando a mão de um outro homem andando na rua a cantar, você se sentirá culpado, pois as pessoas começarão a olhar para você e a achar que você é bicha, homossexual ou algo assim. Dois homens não têm permissão para estarem felizes juntos, não têm permissão para darem as mãos, para se abraçarem. Eles são condenados como homossexuais, e surge o medo.

Se seu amigo vem e segura a sua mão, você olha à volta: "Estão olhando ou não?" E você fica com pressa de soltar a mão do amigo. O aperto de mãos é muito apressado... Você observou isto? Você simplesmente toca a mão do outro, balança-a e está acabado. Você não segura a mão e não abraça o outro de verdade, pois tem receio.

Você se lembra de seu pai abraçá-lo? Você se lembra de sua mãe abraçá-lo depois de você ficar sexualmente maduro? Por que não? O medo foi criado. Um jovem e sua mãe se abraçando? Talvez algum contato sexual surja entre eles, alguma ideia, alguma fantasia... O medo foi criado: o pai e o filho, o pai e a filha, o irmão e a irmã, o irmão e o irmão, isso não pode! Pessoas são mantidas em caixas separadas com fortes paredes à volta delas. Todos são classificados e há mil e uma barreiras.

Sim, um dia, depois de vinte e cinco anos de todo esse treinamento, você tem permissão para fazer amor com sua esposa ou com seu marido. Mas agora o treinamento penetrou muito fundo em você e de repente você não sabe o que fazer. Como amar? Você não aprendeu a linguagem. É como se uma pessoa fosse proibida de falar por vinte e cinco anos, nem mesmo uma única palavra, e de repente você a coloca sobre um palco e lhe diz: "Faça uma boa palestra". O que acontecerá? Ela cairá ali mesmo; poderá desmaiar, poderá morrer... Vinte e cinco anos de silêncio, e agora de repente se espera que ela faça uma grande palestra? Isso não é possível.

E é isso que está acontecendo. Vinte e cinco anos de treinamento contra o amor, de medo, e subitamente você tem permissão legal, recebe uma licença e agora pode amar essa mulher, ela é sua esposa, você é o marido dela, e vocês têm permissão para amar. Mas aonde vão parar

fundamentos da visão tântrica 107

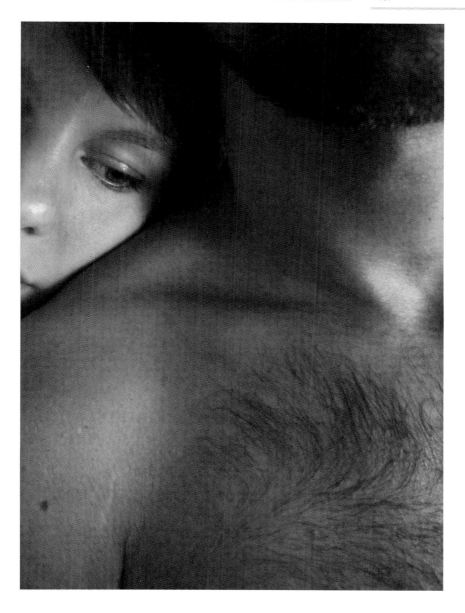

aqueles vinte e cinco anos de treinamento errado? Eles ainda estarão presentes.

Sim, você "amará"... fará gestos. Não será explosivo, não será orgástico; será muito diminuto. É por isso que você fica frustrado depois de fazer amor; noventa e nove por cento das pessoas ficam frustradas depois de fazer amor, mais frustradas do que jamais estiveram. Elas sentem: "O que é isso? Não existe nada aí! Isso não é verdadeiro!" Primeiro o sacerdote e o político deram um jeito para que você não fosse capaz de fazer amor e, depois, vêm e pregam que não existe nada significativo no sexo. E certamente a pregação deles parece correta, parece estar exatamente de acordo com a sua experiência. Primeiro eles desencadeiam a experiência de futilidade e de frustração e, depois, dão o seu ensinamento. E juntos, a experiência e o ensinamento parecem lógicos, uma só peça.

Esse é um grande truque, o maior já feito contra o ser humano. Esses cinco truques podem ser arranjados por meio de um único enfoque: o tabu contra o amor. É possível atingir todos esses objetivos ao, de alguma maneira, impedir as pessoas de se amarem. E o tabu foi arranjado de uma maneira muito científica; esse tabu é uma grande obra de arte na qual muita habilidade e muita esperteza foram usadas. Trata-se realmente de uma obra-prima! Esse tabu precisa ser entendido.

Primeiro, ele é indireto, oculto, não aparente, porque sempre que um tabu for muito óbvio, ele não funcionará. O tabu precisa estar oculto para que você não saiba como ele funciona, tão oculto que você nem possa imaginar que é possível ir contra ele. Ele precisa penetrar no inconsciente, e não no consciente. Como fazê-lo tão sutil e tão indireto?

O truque é: primeiro ensinem que o amor é maravilhoso, para que as pessoas nunca pensem que os sacerdotes e os políticos são contra o amor. Insistam em ensinar que o amor é maravilhoso, que é o certo e, depois, não permitam nenhuma situação em que o amor possa acontecer, não permitam a oportunidade, não deem nenhuma oportunidade e continuem a ensinar que a comida é fantástica, que comer é uma grande alegria: "Coma tão bem quanto puder". Mas não deem nada comestível e mantenham as pessoas famintas e fiquem falando sobre o amor.

Dessa maneira, todos os sacerdotes ficam falando sobre o amor. O amor é louvado mais do que qualquer outra coisa, só perdendo para Deus, e é negada toda a possibilidade de o amor acontecer. Diretamente, eles o incentivam; indiretamente, eles cortam suas raízes. Essa é a obra-prima.

Nenhum sacerdote fala como eles fizeram o mal. É como se você ficasse dizendo a uma árvore: "Seja verde, floresça, desfrute", e corta as raízes para que a árvore não possa ser verde. E, não sendo verde, você pode saltar sobre ela e dizer: "Escute! Você não nos escuta, não nos segue. Cansamos de dizer 'Seja verde, floresça, desfrute, dance'...", e enquanto isso você continua a cortar as raízes.

O amor é tão negado... é a coisa mais rara no mundo e não deveria ser negado. Se uma pessoa puder amar cinco pessoas, deveria amar as cinco; se puder amar cinquenta, deveria amar cinquenta; se puder amar quinhentas, deveria amar quinhentas. O amor é tão raro que quanto mais você puder espalhá-lo, melhor.

Mas você é forçado a ficar em um canto estreito: você pode amar apenas sua esposa, apenas seu marido, apenas isso e aquilo. É como se houvesse uma lei dizendo que você só pode respirar quando estiver com sua esposa ou com seu marido. Assim, a respiração será impossível, e você morrerá e nem mesmo será capaz de respirar enquanto estiver com sua esposa ou com seu marido. Você precisa respirar vinte e quatro horas por dia.

Seja amoroso.

E há um outro truque: eles falam sobre "amor superior" e destroem o inferior. Eles dizem que o inferior precisa ser negado: o amor corporal é ruim e o amor espiritual é bom. Você já viu um espírito sem corpo ou uma casa sem alicerce? O inferior é o alicerce do superior. O corpo é a sua morada, o espírito vive no corpo, com o corpo. Você é um espírito com corpo e um corpo com alma, você é ambos. O inferior e o superior não estão separados, eles são um só, são degraus da mesma escada.

É isto que o Tantra quer deixar claro: o inferior não deve ser negado, mas transformado no superior. O inferior é bom, e, se *você* está estagnado no inferior, a falta é sua, e não do inferior. Nada está errado com o degrau mais baixo de uma escada. Se você ficar estagnado nele, você está estagnado; trata-se de algo em você.

Mova-se.

O sexo não está errado. Se você se estagnar aí, *você* estará errado; mova-se para cima. O mais elevado não é contra o mais baixo; o mais baixo torna possível o mais elevado existir.

E esses truques criaram muitos outros problemas. Você se sente culpado sempre que está amando; surge uma culpa. E, quando há culpa,

> *O inferior não deve ser negado mas transformado no superior.*

você não pode entrar totalmente no amor, pois a culpa o impede, o mantém preso. E há culpa mesmo ao fazer amor com sua esposa ou com seu marido, pois você acha que isso é pecado, acha que está fazendo algo errado, "santos não fazem isso". Você é um pecador e, então, não pode se mover totalmente mesmo quando superficialmente tem permissão de amar sua esposa ou seu marido. O sacerdote está escondido atrás de você, em seu sentimento de culpa; dali ele o puxa, puxa as suas cordas.

Quando a culpa surge, você começa a sentir que está errado e perde a autoestima e o autorrespeito.

E há um outro problema: quando há culpa, você começa a fingir. Mães e pais não permitem que seus filhos saibam que eles fazem amor; eles fingem, fingem que o sexo não existe. Mais cedo ou mais tarde o fingimento deles vai ser descoberto pelos filhos, e, quando os filhos o descobrem, perdem toda a confiança. Eles se sentem traídos, ludibriados. E os pais e as mães dizem que os filhos não os respeitam, mas eles próprios são a causa disso; como os filhos podem respeitá-los? Eles os têm enganado de todas as maneiras, têm sido desonestos, indignos, têm dito aos filhos para não fazerem amor: "Tomem cuidado!", e eles próprios fazem amor o tempo todo. E mais cedo ou mais tarde virá o dia em que os filhos se darão conta de que mesmo seu pai e sua mãe não foram verdadeiros com eles. Como os filhos podem respeitar os pais?

Primeiro a culpa cria o fingimento, depois o fingimento cria o distanciamento em relação aos outros, e mesmo seu próprio filho não se sentirá sintonizado com você, pois há uma barreira: seu fingimento. E, quando você sabe que todos estão fingindo...

Um dia você virá a saber que está simplesmente fingindo e que os outros estão fazendo o mesmo. Quando todos estão fingindo, como você pode se relacionar? Quando todos são falsos, como você pode se relacionar? Como você pode ser amigável quando em todos os lugares existem fraudes e tapeações? Você fica desiludido em relação à realidade, fica muito amargo e identifica a vida como uma oficina do demônio. E todos têm uma face falsa; ninguém é autêntico. Todos estão carregando máscaras e ninguém mostra sua face original.

Você se sente culpado, sente que está fingindo e sabe que todos estão fazendo o mesmo. E todos estão se sentindo culpados, todos se tornaram como uma horrível ferida. Ora, é muito fácil tornar essas pessoas escravas, transformá-las em balconistas, agentes ferroviários, professores, cobradores, ministros, governadores, presidentes... Agora é muito fácil distraí-las, pois foram distraídas desde suas raízes. E o sexo é a raiz.

Um vigário e um bispo estavam em lugares próximos no vagão de um trem, em uma longa viagem. Quando o bispo entrou, o vigário escondeu sua revista Playboy *e começou a ler o* Jornal da Igreja. *O bispo o ignorou e ficou fazendo palavras cruzadas, e o silêncio prevaleceu.*

Depois de um tempo, quando o bispo começou a se mexer muito na poltrona, o vigário tentou puxar assunto: "Posso ajudá-lo, senhor?"

"Talvez, só falta uma palavra. O que tem quatro letras, as últimas três são u-t-a e a dica é provoca suor?"

Depois de uma breve pausa, o vigário disse: "Poderia ser 'luta' ".

"É claro, é claro!", exclamou o bispo. "Você tem uma borracha para me emprestar?"

Quando você reprime coisas na superfície, todas elas entram fundo no inconsciente; elas ficam lá. Felizmente o sexo não foi destruído; ele não foi destruído, mas foi envenenado. Ele *não pode* ser destruído, pois é a energia da vida. Ele ficou poluído e pode ser purificado.

O Tantra pode purificar sua energia sexual; escute a sua mensagem, tente entendê-la. Ela é uma mensagem muito revolucionária, é contra todos os sacerdotes e todos os políticos, é contra todos os envenenadores que mataram toda a alegria sobre a terra para que as pessoas possam ser reduzidas a escravas.

Reivindique sua liberdade, reivindique sua liberdade de amar, sua liberdade de ser, e a vida não será mais um problema. Ela é um mistério, um êxtase, uma bênção.

EXPANSÃO

Tantra significa expansão, é o estado em que você se expandiu ao máximo. Suas fronteiras e as fronteiras da existência não são mais separadas; elas são as mesmas, e menos do que isso não satisfará. Quando você se torna universal, você chega em casa; quando você se torna tudo, quando se torna integrado com tudo, quando é tão vasto quanto este universo, quando contém tudo, quando as estrelas se movem dentro de você e os planetas nascem em você e desaparecem, quando você tem essa expansão cósmica, então o trabalho está terminado. Você chegou em casa. Esse é o objetivo do Tantra.

sem caráter

Não tenha caráter; é isso que o Tantra diz. Isso é muito difícil até mesmo de entender, pois através dos séculos foi-nos ensinado a ter caráter. Caráter significa ter uma estrutura rígida, significa o passado, significa uma certa disciplina forçada, significa que você não é mais livre, que apenas segue certas regras e nunca vai além delas. Você tem uma solidez; uma pessoa de caráter é uma pessoa sólida.

O Tantra diz para abandonar o caráter, para ser fluido, para fluir mais e viver momento a momento. Isso não significa irresponsabilidade, porém maior responsabilidade, pois significa maior consciência. Quando você pode viver por meio do caráter, não precisa estar atento, pois o caráter toma conta; quando você vive por meio do caráter, pode facilmente adormecer; não há necessidade de ficar desperto, pois o caráter continuará de uma maneira mecânica. Mas, quando você não tem nenhum caráter, quando não tem nenhuma estrutura rígida à sua volta, você precisa estar alerta a cada momento, a cada momento precisa perceber o que você está fazendo, a cada momento precisa responder à nova situação diante de si.

Uma pessoa de caráter é uma pessoa morta; ela tem um passado mas não tem um futuro. Uma pessoa que não tem caráter... Não estou usando a palavra no mesmo sentido que você a usa em relação a alguém, ao dizer que ele não tem caráter. Quando você usa a expressão "falta de caráter", não a está usando corretamente, pois a quem você se referir como não tendo caráter tem um *caráter*. Talvez ele seja contra a sociedade, mas tem um caráter, e você pode contar com ele.

O santo tem um caráter, assim como o pecador; ambos têm caráter. Você diz que o pecador não tem caráter porque quer condenar o seu caráter; fora isso, ele tem tanto caráter quanto o santo. Você pode contar com ele: dê-lhe a oportunidade e ele roubará; ele tem caráter. Dê-lhe a oportunidade e fatalmente ele roubará, dê-lhe a oportunidade e ele fará algo errado; ele tem caráter. No momento em que ele sai da cadeia, começa a pensar: "O que vou aprontar agora?" E de novo ele vai para a cadeia, e de novo ele sai... Nenhuma prisão jamais curou ninguém. Na verdade, ao aprisionar uma pessoa ela fica ainda mais esperta, e isso é tudo. Talvez a polícia não seja capaz de apanhá-la tão facilmente da próxima vez, mas nada mais é alcançado ao jogá-la na prisão; ela apenas recebe mais esperteza. Ela tem caráter.

Você não pode perceber isso? Um bêbado tem caráter, e um caráter muito teimoso. Ele jurou milhares de vezes que não ia beber mais, e de novo seu caráter vence seu juramento, e ele é derrotado.

O pecador tem caráter, e o mesmo acontece com o santo.

O que o Tantra quer dizer por ausência de caráter é liberdade do caráter. Tanto o caráter do santo quanto o do pecador tornam você sólido como uma rocha, como um gelo. Você não tem nenhuma liberdade, não pode se mover facilmente. Se uma situação nova surgir, você não poderá responder de uma maneira nova, pois você tem caráter, e como poderá responder de uma maneira nova? Você será forçado a responder da maneira velha. O velho, o conhecido, o bem praticado... você tem prática nisso.

Um caráter se torna um álibi: você não precisa viver.

O Tantra diz para não ter caráter, para ter ausência de caráter. O estado de ausência de caráter é liberdade.

Uma pessoa com ausência de caráter não segue nenhuma regra; ela segue sua percepção. Ela não tem nenhuma disciplina e tem apenas sua percepção; seu único abrigo é a sua percepção. Ela não tem nenhuma consciência moral; sua percepção é seu único abrigo.

Consciência moral é caráter, e é um truque da sociedade. A sociedade cria a consciência moral em você para que você não precise ter nenhuma percepção própria; ela faz com que você siga certas regras por muito tempo e, se as seguir, ela

> *Deixe a vida fluir através de você.*

o recompensa, se não as seguir, ela o pune; ela o torna um robô. Uma vez que a sociedade tenha criado o mecanismo da consciência moral em você, ela pode deixar de se preocupar com você; então ela pode confiar em você, e você será um escravo por toda a sua vida. Ela colocou uma consciência moral em você assim como o fisiologista Delgado colocou eletrodos em cérebros de animais; ela é um eletrodo sutil, mas ele o matou. Você não é mais um fluxo, não é mais um dinamismo.

O Tantra diz que ao caminhar, caminhe, que ao sentar-se, sente-se, que ao ser, seja! Exista sem pensar, deixe a vida fluir através de você sem nenhum bloqueio de pensamentos, deixe a vida fluir através de você sem nenhum medo. Não há nada a temer, você nada tem a perder, e não há nada a temer porque a morte levará apenas aquilo que o nascimento lhe deu, e ela *vai* levar isso embora de qualquer maneira; então não há o que temer.

Deixe a vida fluir através de você.

espontaneidade

No Tantra, a espontaneidade é o maior valor; ser simplesmente natural, permitir que a natureza aconteça, não obstruí-la, não impedi-la, não distraí-la, não levá-la para alguma direção em que ela não estava indo por si mesma. Esta confiança é o Tantra: render-se à natureza, fluir com ela, não empurrar o rio, mas ir com ele por todo o caminho, seja lá onde for. A espontaneidade é o seu mantra, é a sua base.

Espontaneidade significa que você não interfere, que você está em um deixar acontecer. Tudo o que acontece você observa, é uma testemunha; você sabe que está acontecendo, mas não salta sobre ele e não tenta mudar o seu curso. Espontaneidade significa que você não tem nenhuma direção, que você não tem nenhum objetivo a atingir; se você tiver algum objetivo a atingir, não poderá ser espontâneo. Como você pode ser espontâneo se sua natureza está indo em uma direção e o seu objetivo está indo em uma direção diferente? Como você pode ser espontâneo? Você se arrastará para o seu objetivo.

É isso que milhões de pessoas estão fazendo, arrastando-se em direção a algum objetivo imaginário. E porque estão se arrastando em direção a algum objetivo imaginário, estão perdendo seu destino natural, que é o único objetivo! É por isso que há tanta frustração, tanta infelicidade e tanto inferno, porque, quando você está perseguindo um objetivo, tudo o que você fizer nunca satisfará sua natureza. É por isso que as pessoas parecem tão apáticas e mortas. Elas vivem e ainda assim não vivem; estão se movendo como prisioneiras acorrentadas. Seus movimentos não são livres, não são uma dança, não podem ser, porque elas estão lutando, estão constantemente travando uma luta consigo mesmas; há um conflito a cada momento. Você quer comer *isto*, mas sua religião não o aprova; você quer andar com *esta* mulher, mas isso não lhe daria respeitabilidade; você quer viver *desta* maneira, mas a sociedade o proíbe; você quer ser de uma determinada maneira, sente que é assim que você pode florescer, mas todos são contrários.

Então você escuta o seu ser ou escuta o conselho de todo o mundo? Se você escutar o conselho de todo o mundo, sua vida será uma vida vazia, nada tendo além de frustração, e terminará seus dias sem jamais ter vivido, morrerá sem jamais saber o que é a vida.

A sociedade criou tais condicionamentos em você que eles não são apenas externos, mas também estão dentro de você. Consciência moral é isso. A tudo o que você quer fazer, sua consciência moral diz: "Não faça isso!" A consciência moral é sua voz parental; o sacerdote e o político falam por meio dela. Trata-se de um grande truque! Eles criaram uma consciência moral em você desde a infância, quando absolutamente

fundamentos da visão tântrica   117

não estava ciente do que lhe faziam. Eles colocaram uma consciência moral em você para se sentir culpado sempre que for contra ela.

A culpa significa que você fez algo que os outros não queriam que você fizesse. Assim, sempre que você é natural, sente-se culpado, e sempre que não se sente culpado, não é natural. Esse é o dilema, é a dicotomia, é o problema. Se escutar sua própria naturalidade, você se sentirá culpado, e então há infelicidade. Você começa a sentir que fez algo errado, começa a se esconder, a se defender, a constantemente fingir que não fez essa coisa. E você tem medo, pois mais cedo ou mais tarde fatalmente alguém o apanhará. Você tem medo de ser pego, e isso traz ansiedade, culpa e medo. Você perde todo amor pela vida.

Sempre que você faz algo contra o que os outros lhe ensinaram, sente-se culpado, mas sempre que faz algo apenas porque os outros disseram que você deveria fazê-lo, nunca fica feliz ao fazê-lo, pois essa nunca foi a sua história. O ser humano é pego entre essas duas polaridades.

Eu estava lendo uma piada:

"O que significa este risco duplo de que a Constituição nos protege?", perguntou Roland a seu advogado e amigo Milt.

Milt respondeu: "Vou explicar com uma ilustração. Se você estiver dirigindo o seu carro e sua esposa e sua sogra estiverem no banco de trás dizendo como você deveria dirigir, bem... esse é um risco duplo, e você tem o direito constitucional de dizer: 'Afinal de contas, querida, quem está dirigindo este carro, você ou sua mãe?'"

Você pode estar no volante, mas não está dirigindo o carro. Há muitas pessoas sentadas no banco de trás, seus pais, seus avós, seu sacerdote, seu político, o líder, o *mahatma*, o santo... Todos eles estão sentados no banco de trás e estão tentando lhe dar conselhos: "Faça isso! Não faça aqui-lo! Vá desse jeito! Não vá por ali!" Eles o estão deixando maluco, e você foi ensinado a segui-los. Se você não os seguir, isso também cria muito medo em você de que algo saia errado. Como você pode estar certo, quando tantas pessoas o estão aconselhando a fazer algo diferente? E elas estão sempre aconselhando para o seu próprio bem! Como você pode estar certo sozinho, quando o mundo inteiro está dizendo: "Faça isso!" É claro, elas estão em maioria e devem estar certas.

Mas lembre-se: não é uma questão de estar ou não certo, mas uma questão de ser espontâneo ou não. A espontaneidade está certa! Do contrário, você será um imitador, e imitadores nunca são seres humanos satisfeitos. Você queria ser um pintor, mas seus pais disseram: "Não, pois a pintura não lhe dará muito dinheiro, e ser artista não lhe dará nenhuma respeitabilidade na sociedade. Você seria um vagabundo e um mendigo. Deixe a pintura para lá e seja um advogado!" Então você se tornou um advogado, mas agora não sente nenhuma felicidade. Ser advogado não o motiva, e no fundo você ainda quer pintar.

Enquanto você está no tribunal, no fundo ainda está pintando. Talvez você esteja escutando um criminoso, mas está pensando sobre sua face, que face boa para pintar... Você está olhando para seus olhos, para o azul de seus olhos, e está pensando em cores... e você é um promotor público! Você está constantemente pouco à vontade, e uma tensão o segue. Aos poucos você também pode começar a achar que é uma pessoa respeitável, isso e aquilo, mas você é apenas uma imitação, é artificial.

Dessa maneira, o Tantra faz da espontaneidade sua primeira virtude, a virtude mais fundamental.

Um ponto precisa ser entendido muito profundamente. A espontaneidade pode ser de dois tipos: ela pode ser apenas impulsividade, mas então não é de muito valor; se ela for consciente, então tem uma qualidade de ser única, a qualidade de um buda. Muitas vezes você acha que está ficando espontâneo, enquanto de fato está simplesmente se tornando impulsivo.

Qual é a diferença entre ser impulsivo e ser espontâneo? Você tem duas coisas em você: o corpo e a mente. A mente é controlada pela sociedade, e o corpo é controlado pela sua biologia; a mente é controlada pela sua sociedade porque esta pode colocar pensamentos em sua mente, e seu corpo é controlado por milhões de anos de evolução biológica. O corpo é inconsciente, e assim é a mente. Você é um observador, está além de ambos. Assim, se você parar de escutar a mente e a sociedade, há toda a possibilidade de começar a escutar sua biologia. Às vezes você pode sentir vontade de matar alguém e diz: "É bom ser espontâneo, então vou fazer isso. Preciso ser espontâneo". Você entendeu mal, isso não irá fazer sua vida bela, bem-aventurada. Você de novo ficará continuamente em conflito, agora com as pessoas de fora.

Por "espontaneidade" o Tantra quer dizer uma espontaneidade repleta de percepção. Assim, o primeiro ponto para ser espontâneo é estar inteiramente atento. No momento em que você está atento, não está nem na armadilha da mente nem na armadilha do corpo, e então a espontaneidade real flui de sua própria alma... sua espontaneidade flui do céu, do mar. Do contrário, você pode mudar seus mestres: do corpo pode mudar para a mente, ou da mente pode mudar para o corpo.

O corpo está dormindo profundamente, e ao segui-lo você estará seguindo um cego e a espontaneidade simplesmente o levará para uma vala; ela não o ajudará. Impulsividade não é espontaneidade. Sim, o impulso tem uma certa espontaneidade, mais espontaneidade do que a mente, mas não tem a qualidade que o Tantra gostaria que você assimilasse.

Como somos agora, vivemos inconscientemente. Não faz muita diferença se vivemos na mente ou no corpo, pois vivemos de uma maneira inconsciente.

Um bêbado saiu cambaleando de um bar e começou a caminhar com um pé na rua e o outro na calçada. Depois de um ou dois quarteirões, um guarda o viu e lhe disse: "Ei, você está embriagado!"

E o bêbado mostrou-se aliviado e disse: "Meu Deus, então é isso que está errado. Achei que eu era manco!"

Quando você está sob a influência do corpo, está sob a influência da química; você está fora de uma armadilha, a da mente, mas de novo está em uma outra armadilha, a da biologia, da química. Você está fora de uma vala, mas caiu em outra.

Quando você realmente quiser sair de todas as valas e viver em liberdade, terá de ser uma testemunha de ambos, do corpo e da mente. Quando você está testemunhando e sua espontaneidade vem a partir do seu testemunhar, essa é a espontaneidade da qual o Tantra fala.

intensidade

Exceto pelo ser humano, tudo é novo, porque apenas o ser humano carrega o fardo, a bagagem da memória. É por isso que o ser humano fica sujo, impuro, carregado, sobrecarregado; do contrário, toda a existência é nova e fresca, não carrega nenhum passado e não imagina nenhum futuro. Ela está simplesmente aqui, totalmente aqui! Quando você está carregando o passado, muito do seu ser está envolvido nele, o passado que já não existe. E, quando você está imaginando o futuro, muito do seu ser está envolvido no futuro, que também não existe, não ainda. Você fica muito diluído, e por isso sua vida não tem intensidade.

O Tantra diz que para conhecer a verdade a pessoa precisa apenas de uma coisa: intensidade, total intensidade. Como criar essa intensidade total?

Abandone o passado e abandone o futuro, então toda a sua energia de vida ficará focada no pequeno aqui e agora. E nesse focar você fica incandescente, um fogo vivo, o mesmo fogo que Moisés viu sobre a montanha; e Deus estava no fogo, e o fogo não o estava queimando, não estava queimando nem o arbusto verde que permaneceu vivo, fresco e jovem.

O todo da vida é fogo. Para conhecê-lo, você precisa de intensidade; do contrário, a pessoa vive de uma maneira morna. O Tantra diz que há apenas um mandamento: não viver de uma maneira morna. Essa não é uma maneira de viver, mas um lento suicídio.

Quando você está comendo, esteja intensamente presente. Os ascetas condenaram muito os tântricos, dizendo que eles são pessoas do tipo "comer, beber e se casar". De uma certa maneira eles estão certos, mas de outra, estão errados, porque há uma grande diferença entre a pessoa comum do tipo "comer, beber e se casar" e um tântrico. Um tântrico diz que essa é a maneira de conhecer a verdade, mas enquanto você estiver comendo, deixe que haja *apenas* o comer e nada mais, deixe que o passado desapareça e também o futuro, deixe que toda a sua energia seja despejada em sua comida, deixe que haja amor, afeição e gratidão para com a comida. Mastigue cada bocado com imensa atenção e você não terá apenas o sabor da comida, mas o sabor da existência, porque a comida é parte da existência! Ela traz vida, traz vitalidade, deixa-o palpitante, ajuda-o a permanecer vivo. Ela não é apenas comida; a comida pode ser o conteúdo, mas a vida *está* contida nela. Se você saborear apenas a comida e não saborear a existência nela, estará vivendo uma vida morna e não saberá como vive um tântrico. Quando você estiver bebendo água, torne-se a sede! Deixe que haja uma intensidade nisso, de tal modo que cada gota fresca lhe dê uma imensa alegria. Na própria experiência daquelas gotas entrando em sua garganta e lhe dando grande contentamento, você saboreará Deus, saboreará a realidade.

O Tantra não é uma permissividade ordinária, mas uma permissividade *extraordinária*. Ele não é uma permissividade ordinária porque é permissivo para com o próprio Deus. O Tantra diz que é por meio das pequenas coisas da vida que você tem o sabor.

Não há grandes coisas na vida; tudo é pequeno. A coisa pequena se torna grande e vasta se você entrar nela completamente, totalmente, inteiramente. Ao fazer amor com um homem ou com uma mulher, seja o amor e se esqueça de tudo o mais! Naquele momento não deixe que haja mais nada, deixe que toda a existência convirja para seu ato amoroso, deixe que esse amor seja vibrante, inocente, inocente no sentido de que não haja nenhuma mente para corrompê-lo; não pense nele, não fantasia a respeito dele, porque todas essas imaginações e pensamentos o deixam rarefeito. Deixe que todo o pensar desapareça, deixe que o ato seja total! Esteja absorto no ato e então, por meio do amor, saberá o que é a divindade.

O Tantra diz que a divindade pode ser conhecida por meio do beber, por meio do comer, por meio do amor, que ela pode ser conhecida a partir de cada espaço, de cada recanto, de cada ângulo, pois todos os ângulos são de Deus. Tudo é a verdade.

Não pense que você é desafortunado porque não estava por perto no começo, quando Deus criou o mundo; ele está criando o mundo neste exato momento! Você é um felizardo por estar aqui, você pode perceber a criação deste momento. E não pense que você perderá quando o mundo desaparecer em uma explosão; ele está desaparecendo neste exato momento. A cada momento o mundo é criado e a cada momento ele desaparece; a cada momento ele nasce e a cada momento ele morre. O Tantra diz para deixar que assim também seja a sua vida, a cada momento morrendo para o passado e a cada momento nascendo mais uma vez.

Não carregue nenhum fardo; permaneça vazio.

a unidade dos opostos

Aqueles que são muito analíticos e que gostam de interpretar, que constantemente pensam em categorias, estes estão sempre divididos, fragmentados. Há sempre um problema para eles, e o problema não está na existência, mas vem de sua própria mente dividida. A mente deles não é uma unidade.

Você pode perguntar aos cientistas, e eles dirão que o cérebro é dividido em duas partes, a esquerda e a direita, e elas funcionam de uma maneira diferente, e não apenas diferente, mas diametralmente oposta uma em relação à outra. O lado esquerdo do cérebro é analítico, e o direito é intuitivo; no lado esquerdo a mente é matemática, lógica, silogística, e no lado direito a mente é poética, artística, estética, mística. Os dois lados do cérebro vivem de acordo com diferentes categorias, e há apenas uma ponte muito pequena entre os dois, apenas uma pequena ligação.

Aconteceu algumas vezes de essa ligação ser rompida em algum acidente e a pessoa se tornar duas. Na Segunda Guerra Mundial houve muitos casos em que a ligação foi rompida e a pessoa se tornou duas; então ela não era uma pessoa só e algumas vezes dizia uma coisa pela manhã, e ao entardecer se esquecia completamente daquilo e começava a dizer uma outra coisa. Pela manhã um hemisfério estava funcionando, e ao entardecer um outro hemisfério estava funcionando.

A ciência atual precisa investigar este assunto em profundidade, e a Ioga o investigou muito profundamente e diz que sua respiração muda... por aproximadamente quarenta minutos você respira principalmente por uma narina, e depois pelos quarenta minutos seguintes você respira principalmente pela outra narina. Até agora a ciência atual não pesquisou isso, por que a respiração muda e quais são as implicações disso, mas a Ioga pensou profundamente sobre essa questão. Quando sua narina esquerda está mais aberta, seu cérebro direito funciona mais; quando sua narina direita está mais aberta, seu cérebro esquerdo funciona mais. Esse é um tipo de arranjo para que um lado do cérebro possa funcionar por quarenta minutos e então possa descansar. De certo modo sentimos isso, mesmo sem sabermos exatamente o que significa, pois a cada quarenta minutos temos de mudar nosso trabalho. É por isso que nas escolas, nos colégios e nas universidades as aulas duram geralmente quarenta minutos. Uma parte do cérebro fica cansada, e quarenta minutos parecem ser o limite, então ela precisa de repouso. Assim, se você esteve estudando matemática, depois de quarenta minutos é bom estudar poesia, e depois pode voltar para a matemática.

Você pode observar sua própria vida e descobrirá um ritmo. Há um momento você estava muito amoroso para com sua esposa, e subitamente algo estala, e você deixa de se sentir amoroso. E você fica preocupado: o que aconteceu? Repentinamente o fluxo não está mais ali, e você fica congelado. Talvez você estivesse segurando a mão de sua esposa, mas a mente mudou e uma outra mente entrou em cena, e de repente a energia não está mais fluindo. Agora você quer soltar a mão dela e fugir dessa mulher, e há um momento estava prometendo: "Amarei você para sempre", e você fica preocupado: "Isso não está certo, há um momento eu prometi e já estou quebrando a promessa".

Ou você está com raiva e quer matar alguém, e depois de apenas uns momentos essa raiva desaparece e você até sente compaixão pela pessoa. Observe sua mente e

> Essa união é o encontro real do homem e da mulher.

descobrirá essa troca contínua, essa mudança contínua da engrenagem.

O Tantra diz que existe um estado de unidade, quando a ponte entre os dois hemisférios do cérebro não é mais uma pequena ligação, mas ambos os lados estão realmente juntos. Essa união é o encontro real do homem e da mulher, porque uma parte do cérebro, o hemisfério direito, é feminino, e o hemisfério esquerdo é masculino. E, quando você está fazendo amor com uma mulher ou com um homem, quando o orgasmo acontece, ambos

os hemisférios se aproximam bastante, e é por isso que o orgasmo acontece. Ele nada tem a ver com a mulher ou com o homem, nada tem a ver com qualquer coisa externa. Trata-se de algo dentro de você; observe...

Os tântricos têm observado muito profundamente o fenômeno do ato amoroso, pois eles acham, e estão certos, que o maior fenômeno sobre a terra é o amor e que a maior experiência da humanidade é o orgasmo. Assim, se houver alguma verdade, devemos estar mais próximos de perceber essa verdade no momento do orgasmo do que em qualquer outro momento. Essa é uma lógica simples; a pessoa nem precisa ser muito lógica a respeito, pois trata-se de algo óbvio. Esse

Quando você se sente orgástico e feliz, isso nada tem a ver com a outra pessoa; toda a coisa está acontecendo dentro de você.

é o maior deleite do ser humano, então esse deleite de algum modo deve ser uma porta para o infinito. Pode ser muito ligeiro, pode ser apenas uma parte dele, mas algo do infinito entra naqueles momentos de deleite. Por um momento o homem e a mulher se dissolvem, deixam de estar em seus egos e a sua separação desaparece.

O que exatamente acontece? Você também pode perguntar aos fisiologistas. O Tantra descobriu muitas coisas: uma, quando você está fazendo amor com uma mulher ou com um homem e se sente orgástico e feliz, isso nada tem a ver com a outra pessoa; toda a coisa está acontecendo dentro de você e nada tem a ver com o orgasmo da outra pessoa; ela absolutamente não está relacionada com isso.

Quando a mulher está tendo o seu orgasmo, ela está tendo o orgasmo dela, e nada tem a ver com o homem. Talvez o homem tenha funcionado como um desencadeante, mas o orgasmo da mulher é seu orgasmo privativo, e o orgasmo do homem é seu orgasmo privativo. Você está junto com a outra pessoa, mas seu orgasmo é seu; e, quando você está tendo seu orgasmo, seu parceiro não pode compartilhar seu deleite, não. Ele é absolutamente seu, é privativo. A outra pessoa pode perceber que algo está acontecendo na sua face e no seu corpo, mas essa é apenas uma observação de fora, e ela não pode participar de seu deleite.

E mesmo se vocês dois tiverem orgasmo juntos, então também o seu deleite orgástico não será afetado pelo orgasmo do outro, e nem o orgasmo do outro será afetado por você. Você está completamente isolado, totalmente em si mesmo; esse é o primeiro ponto. Isso significa que no fundo todos os orgasmos

são masturbatórios. A mulher é apenas uma ajuda, uma desculpa; o homem é uma ajuda, uma desculpa, mas não uma necessidade.

O segundo ponto que os tântricos observaram é: quando o orgasmo está acontecendo, ele nada tem a ver com seu centro sexual, nada. Porque, se a conexão entre o centro sexual e o cérebro estiver bloqueada, você terá orgasmo, mas não terá nenhum deleite. Assim, no fundo, o deleite do orgasmo não está acontecendo no centro sexual, mas no cérebro. Algo do centro sexual desencadeia algo no cérebro; está acontecendo no cérebro. Pesquisas modernas confirmam totalmente esse achado dos tântricos.

Você deve ter ouvido falar do nome do famoso fisiologista Delgado. Ele colocou eletrodos no cérebro de animais, e esses eletrodos eram acionados por controle remoto. É possível você ter um controle remoto em seu bolso, e sempre que quiser ter um orgasmo poderá apertar um botão! Isso não teria nada a ver com seu centro sexual; esse botão desencadearia algo em sua cabeça; dentro da cabeça ele estimularia os centros que são estimulados pela energia sexual quando ela é liberada. Ele os estimularia diretamente e você poderia ter um intenso orgasmo. Ou você poderia apertar um outro botão e ficaria imediatamente raivoso; ou poderia apertar ainda um outro botão e cairia em uma profunda depressão. Você poderia ter todos os botões em um só aparelho de controle remoto e poderia mudar seus estados de ânimo a seu gosto.

Quando pela primeira vez Delgado experimentou com animais, ele ficou surpreso. Ele fixou um eletrodo em seu rato favorito, que era muito bem treinado e muito inteligente. Delgado fixou um eletrodo na cabeça do rato e o treinou a apertar o botão de uma caixa ligada ao eletrodo. Quando o rato aprendeu que ao

apertar o botão ele tinha um orgasmo sexual, ele enlouqueceu. Em um dia ele apertou o botão centenas de vezes, e acabou morrendo, porque não ia para nenhum outro lugar e não fazia nenhuma outra coisa; ele não comia, não dormia e se esqueceu de tudo o mais. Ele estava apenas enlouquecendo ao apertar repetidamente o botão.

A pesquisa atual em relação ao cérebro humano diz exatamente o que o Tantra vem dizendo. Primeiro: o orgasmo nada tem a ver com a pessoa externa, sua mulher ou seu homem. Segundo: ele nada tem a ver com sua energia sexual. A outra pessoa desencadeia sua energia sexual, e esta desencadeia a energia de um centro cerebral, mas o orgasmo acontece exatamente dentro do cérebro, na cabeça.

É por isso que a pornografia tem tanto apelo, porque ela pode estimular diretamente o seu cérebro. Se a mulher é bonita ou feia, isso nada tem a ver com o seu orgasmo. Uma mulher feia pode lhe dar um orgasmo tão bom quanto uma mulher bonita, mas por que você não gosta da mulher feia? Porque ela não tem atrativo para a sua cabeça, e isso é tudo. Fora isso, no que se refere ao orgasmo, ambas são igualmente capazes. É irrelevante se a mulher é feia ou é uma Cleópatra, mas sua cabeça, seu cérebro, está mais interessado na forma, na beleza.

O Tantra diz que uma vez que você tenha entendido todo esse mecanismo do orgasmo, um entendimento maior pode surgir.

Um passo a mais:

A pesquisa atual concorda até este ponto, que o orgasmo acontece no cérebro. E o orgasmo da mulher acontece no lado direito do cérebro, mas sobre isso a pesquisa atual ainda não é capaz de dizer nada. O Tantra diz que o orgasmo da mulher acontece no lado direito do cérebro porque esse é o centro feminino. E o orgasmo masculino acontece no lado esquerdo porque esse é o lado masculino do cérebro. O Tantra vai mais além e diz que quando esses dois lados do cérebro se unem surge um grande deleite, acontece um orgasmo total.

E esses lados do cérebro podem se unir muito facilmente; quanto menos analítico você for, mais próximos eles estarão. É por isso que uma mente interpretadora nunca é feliz, e que uma mente não interpretadora é mais feliz. Pessoas primitivas são mais alegres do que os pretensos civilizados, instruídos e cultos; os animais são mais felizes do que os seres humanos, os pássaros são mais felizes, pois não têm a mente analítica. A mente analítica torna maior a distância entre os dois lados do cérebro.

Quanto mais você começar a pensar logicamente, maior será a distância entre os dois hemisférios cerebrais; quanto menos você pensar logicamente, mais próximos eles estarão. Quanto mais poética e estética for a sua abordagem, mais eles se aproximarão e maior a possibilidade de haver alegria, deleite, celebração.

E o último ponto, o qual acho que levará muitos séculos para a ciência chegar a ele. O último ponto é que o deleite também não está acontecendo exatamente no cérebro mas na testemunha que está atrás desses lados do cérebro. Ora, se a testemunha estiver muito apegada à mente masculina, então o deleite não será muito grande. Ou, se a testemunha estiver muito apegada à mente feminina, então o deleite será um pouco maior, mas ainda assim não tão grande.

Você pode perceber isso? As mulheres são criaturas mais felizes do que os homens. É por isso que elas parecem ser mais bonitas, mais inocentes, mais joviais. Elas vivem mais tempo, vivem mais tranquilamente, com mais contentamento, não se preocupam tanto, não cometem tanto suicídio, não enlouquecem tão frequentemente. Os homens enlouquecem duas vezes mais do que as mulheres, e isso também se dá em relação ao suicídio; os homens sobrepujam as mulheres nessas dimensões. E todas as guerras... se você as incluir como atividades suicidas e assassinas, então os homens não têm feito nada além disso! Através dos séculos eles estiveram preocupados em se preparar para a guerra, em matar pessoas.

A mente feminina é mais alegre porque é mais poética, mais estética, mais intuitiva. Porém, se você não estiver apegado a nenhuma parte e for simplesmente uma testemunha, então o seu deleite será completo, será supremo. No Oriente, chamamos esse deleite de *anand*, estado de plenitude. Conhecer essa testemunha é se tornar integrado, absolutamente integrado. Então a mulher e o homem em você desaparecem completamente, então eles desaparecem na unidade, então ser orgástico é sua existência momento a momento. E nesse estado o sexo desaparece automaticamente, porque não há necessidade dele. Quando uma pessoa vive de uma maneira orgástica vinte e quatro horas por dia, qual é a necessidade do sexo?

Em sua testemunha você se torna orgástico, e o orgasmo deixa de ser algo momentâneo; então ele é sua simples natureza. O êxtase é isso.

PARTE IV

a visão tântrica
na prática

A visão tântrica é uma das maiores visões jamais sonhadas pelo ser humano: uma religião sem sacerdote, uma religião sem templo, uma religião sem organização, uma religião que não destrói o indivíduo mas que respeita imensamente a individualidade, uma religião que confia no homem e na mulher comuns. E essa confiança é muito profunda.

o tantra confia

O Tantra confia em seu corpo, e nenhuma outra religião confia em seu corpo. E, quando as religiões não confiam em seu corpo, criam uma cisão entre você e seu corpo e fazem com que você fique inimigo dele; elas começam a destruir a sabedoria do corpo.

O Tantra confia em seu corpo, confia em seus sentidos, confia em sua energia, confia em você, totalmente. O Tantra não nega nada, mas transforma tudo.

Como atingir essa visão tântrica?

Este é o mapa para ligá-lo, para voltá-lo para dentro e para além.

A primeira coisa é o corpo; o corpo é a sua base, é o seu terreno, é onde você está aterrado. Fazer com que você seja antagônico em relação a ele é destruir você, é torná-lo esquizofrênico, torná-lo infeliz, é criar o inferno. Você é o corpo; é claro, você é mais do que ele, porém esse "mais" seguirá mais tarde. Primeiro você é o corpo, o corpo é sua verdade básica; então nunca seja contra ele. Sempre que você for contra o corpo, estará indo contra Deus; sempre que for desrespeitoso para com seu corpo, estará perdendo contato com a realidade, porque ele é o seu contato, é a sua ponte, é o seu templo. O Tantra ensina reverência, amor, respeito e gratidão para com o corpo. Ele é maravilhoso, é o maior dos mistérios.

Mas lhe ensinaram a ser contra o corpo. Assim, às vezes você fica encantado com uma árvore, com uma árvore verde, às vezes fica mistificado pela lua, pelo sol ou por uma flor, mas nunca fica mistificado pelo seu próprio corpo. E seu corpo é o fenômeno mais complexo na existência. Nenhuma flor e nenhuma árvore têm um corpo tão belo como o seu. Nenhuma lua, nenhum sol e nenhuma estrela têm um mecanismo tão evoluído como você tem.

Mas lhe ensinaram a apreciar a flor, que é algo simples; e lhe ensinaram a apreciar uma árvore, que é algo simples. Até mesmo lhe ensinaram a apreciar pedras, rochas, montanhas, rios..., mas nunca lhe ensinaram a respeitar seu próprio corpo, a ficar encantado com ele. Sim, ele está muito próximo, então é muito fácil se esquecer dele; ele é muito óbvio, então é fácil negligenciá-lo. Mas ele é o fenômeno mais belo.

Se você olhar para uma flor, as pessoas dirão: "Que estética!" E, se você olhar para uma bela face de uma mulher ou de um homem, as pessoas dirão: "Isso é sensualidade". Se você for a uma árvore e ficar em um estado de deslumbramento olhando uma flor, com os olhos bem abertos, com os sentidos bem abertos para permitir que a beleza da flor entre em você, as pessoas acharão que você é um poeta, um pintor ou um místico. Mas, se você for a uma mulher ou a um homem e tiver grande reverência e respeito, olhando para a pessoa com os

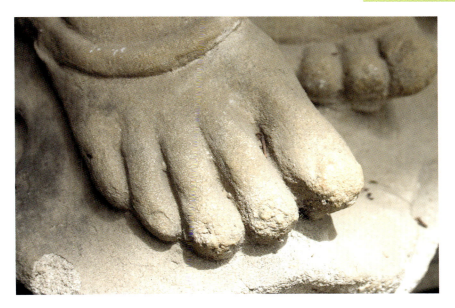

olhos bem abertos e seus sentidos bebendo sua beleza, a polícia pegará você! Ninguém dirá que você é um místico ou um poeta, ninguém apreciará o que você está fazendo. Algo saiu errado.

Se você for a alguém estranho na rua e disser: "Que lindos olhos você tem!", você ficará embaraçado e ele ficará embaraçado. Ele não será capaz de lhe agradecer. Na verdade, ele se sentirá ofendido, pois quem é você para interferir em sua vida privada, quem é você para ousar?

Se você tocar uma árvore, ela se sentirá feliz, mas, se você tocar um homem, ele se sentirá ofendido. O que saiu errado? Algo foi imensa e profundamente danificado.

O Tantra lhe ensina a recuperar o respeito para com o seu corpo, para recuperar o amor para com o corpo. O Tantra lhe ensina a olhar para o corpo como a maior criação da existência; o Tantra é a religião do corpo. É claro que ele vai além, mas nunca deixa o corpo; ele está enraizado ali e é a única religião que está realmente enraizada na terra; ele tem raízes. As outras religiões são árvores desenraizadas, mortas, apáticas, apodrecendo, a seiva não flui mais nelas.

O Tantra é realmente suculento, muito vivo.

O primeiro ponto é aprender a respeitar o corpo, desaprender todas as tolices que lhe foram ensinadas sobre o corpo. Do contrário, você nunca se ligará, nunca se voltará para dentro e para além. Comece do começo, e o corpo é o seu começo.

O corpo precisa ser purificado de muitas repressões; uma grande catarse é necessária para o corpo, uma grande purificação. O corpo ficou envenenado porque você foi contra ele e

> *O corpo precisa ficar sem peso, de tal modo que você praticamente comece a caminhar acima da terra; essa é a maneira de o Tantra caminhar.*

o reprimiu de muitas maneiras. Seu corpo está existindo em seu mínimo, e é por isso que você é infeliz. O Tantra diz que o estado de plenitude é possível somente quando você existir em seu ótimo absoluto, e nunca antes. O estado de plenitude é possível somente quando você viver intensamente. E como você pode viver intensamente se for contra o corpo?

Você está sempre morno; o fogo está fraco. Através dos séculos o fogo foi destruído, e ele precisa ser reacendido. O Tantra diz para primeiro purificar o corpo, para purificá-lo de todas as repressões. Permita ao corpo energia para fluir, remova os bloqueios.

É muito difícil encontrar uma pessoa que não tenha bloqueios, cujo corpo não esteja tenso. Solte essa tensão; ela está bloqueando sua energia, e o fluxo não pode ser possível com essa tensão.

Por que todos estão tão tensos? Por que você não pode relaxar? Você já viu um gato dormindo, tirando uma soneca à tarde? Quão simples e belamente ele relaxa. Você não pode relaxar da mesma maneira? Você fica girando na cama e não pode relaxar. E a beleza do relaxamento do gato é que ele relaxa completamente e, ainda assim, está perfeitamente alerta. Um ligeiro movimento no quarto, e ele abrirá os olhos, saltará e estará pronto. Não é que ele esteja apenas dormindo. O sono do gato é algo a ser aprendido, e o ser humano se esqueceu.

O Tantra diz para aprender com os gatos, como eles dormem, como eles relaxam, como eles vivem de uma maneira não tensa. E todo o mundo animal vive dessa maneira não tensa. O ser humano precisa aprender isso, pois foi condicionado de uma maneira errada, foi programado de uma maneira errada. Desde a infância você foi programado para ser tenso; você não respira... por causa do medo. Por causa do medo da sexualidade as pessoas não respiram, pois, quando você respira profundamente, sua respiração vai exatamente para o centro sexual e o golpeia, o massageia por dentro, o excita. Por lhe terem ensinado que o sexo é perigoso, toda criança começa a respirar de uma maneira superficial, expandindo apenas o peito. Ela nunca vai além disso porque, se for, subitamente há excitação, a sexualidade se manifesta e o medo surge. No momento em que você respira profundamente, a energia sexual é liberada.

A energia sexual precisa ser liberada, precisa fluir por todo o seu ser. Então seu corpo ficará orgástico, mas as pessoas têm medo de respirar, têm tanto medo que praticamente a metade dos pulmões fica cheia de gás carbônico. É por isso que elas são apáticas, é por isso que não parecem alertas, é por isso que a percepção é difícil.

Não é por acaso que a Ioga e o Tantra ensinam a respiração profunda para descarregar o dióxido de carbono dos pulmões. O dióxido de

134　parte IV

carbono não é saudável para você, ele precisa ser jogado fora continuamente, e você precisa respirar um ar novo e fresco, precisa respirar mais oxigênio. O oxigênio criará seu fogo interior, deixará você chamejante, mas ele também inflará sua sexualidade. Assim, apenas o Tantra pode realmente permitir a respiração profunda; mesmo a ioga não pode permitir uma respiração tão profunda. A ioga também permite que você respire até o umbigo, mas não além daí; ela não permite que a respiração atravesse o centro do *hara*, o *svadhisthan*, porque uma vez ultrapassado o *svadhisthan*, você salta para o *muladhar*.

Apenas o Tantra lhe permite o ser total e o fluxo total. O Tantra lhe dá liberdade incondicional, não importa quem você seja e não importa quem você possa vir a ser. O Tantra não coloca barreiras para você, não o define, mas simplesmente lhe dá liberdade total. O entendimento é: quando você está totalmente livre, então muito é possível.

Esta tem sido minha observação: as pessoas sexualmente reprimidas se tornam pouco inteligentes. Apenas pessoas sexualmente muito vivas são inteligentes. Ora, a ideia de que o sexo é um pecado deve ter danificado a inteligência, danificado-a muito gravemente. Quando você está realmente fluindo e sua sexualidade não está em briga nem em conflito com você, quando você coopera com ela, então sua mente funciona em seu ótimo absoluto, e você será inteligente, alerta e vivo.

O Tantra diz que o corpo precisa ser acolhido.

Você já tocou algumas vezes o seu corpo? Você já sentiu o seu corpo, ou fica como que encaixotado em algo morto? É isto que está acontecendo: as pessoas estão praticamente congeladas, carregando o corpo como um caixão. Ele é pesado, obstrui, não o ajuda a se comunicar com a realidade. Se você permitir ao fluxo de eletricidade do corpo ir dos dedos dos pés à cabeça, se permitir total liberdade a essa energia, à bioenergia, você se tornará um rio e absolutamente não sentirá o corpo, como se não o tivesse. Ao deixar de lutar contra o corpo, você se sente sem corpo; ao lutar contra o corpo, ele se torna um fardo, e, ao carregar seu corpo como um fardo, você nunca voará pelo céu.

O corpo precisa ficar sem peso, de tal modo que você praticamente comece a caminhar acima da terra; essa é a maneira de o Tantra caminhar. Você fica tão sem peso que não há gravitação e você pode simplesmente voar. Mas isso vem a partir de grande aceitação. Será difícil aceitar o seu corpo, pois você o condena e sempre encontra falhas nele; você nunca o aprecia, nunca o ama, e então quer um milagre: que alguém venha e ame o seu corpo. Se você próprio não pode amá-lo, como encontrará alguém que o ame? Se você próprio não pode amá-lo, ninguém irá amá-lo, pois sua vibração manterá as pessoas afastadas.

Você só se apaixona por alguém que ama a si mesmo, e nunca de outra maneira. O primeiro amor precisa ser para consigo mesmo, e apenas a partir desse centro que outros tipos de amor poderão surgir. Você não ama seu corpo e o esconde de mil e uma maneiras, esconde os odores de seu corpo, esconde seu corpo sob roupas, esconde seu corpo em ornamentos; você tenta criar alguma beleza que continuamente você sente que está faltando, e nesse próprio esforço você se torna artificial.

Você já se deparou com um pássaro feio? Você já se deparou com um veado que é feio? Isso nunca acontece. Eles não vão a nenhum salão de beleza e não consultam um especialista, mas simplesmente aceitam a si mesmos e são belos nessa aceitação. Nessa mesma aceitação eles despejam beleza sobre si mesmos.

No momento em que você se aceita, você se torna belo. Quando você está deleitado com seu próprio corpo, irá deleitar outros também. Muitas pessoas se apaixonarão por você, pois você próprio está se amando. Agora você está com raiva de si mesmo, pois acha que é feio, que é repulsivo, horrível. Essa ideia irá repelir as pessoas e não ajudará que elas se apaixonem por você; ela os manterá a distância. Mesmo se elas estiverem se aproximando de você, no momento em que sentirem sua vibração, elas se afastarão.

Não há necessidade de perseguir ninguém. O jogo de perseguição acontece somente porque não amamos a nós mesmos. Fora isso, as pessoas vêm a você; se você estiver amando a si mesmo, fica praticamente impossível elas não se apaixonarem por você.

Por que tantas pessoas foram a Buda, por que tantas pessoas foram a Saraha, por que tantas pessoas foram a Jesus? Essas pessoas estavam amando a si mesmas, estavam amando tanto e estavam tão deleitadas com seus seres que era natural para quem passasse se sentir atraído por elas; como um imã, elas atraíam pessoas. Elas estavam muito encantadas com seus próprios seres, e como você poderia evitar esse encantamento? Apenas estar ali era uma grande bênção.

O primeiro ponto que o Tantra ensina é para ser amoroso com o seu corpo, para ser amigável com ele, reverente a ele, para respeitá-lo, cuidar dele; ele é uma dádiva da natureza. Trate-o bem, e ele revelará grandes mistérios a você. Todo crescimento depende do quanto você está relacionado com o seu corpo.

E então o segundo ponto que o Tantra ensina é sobre seus sentidos. Os sentidos são suas portas da percepção, são as janelas para a realidade. O que é a sua vista? O que são os seus ouvidos? O que é o seu nariz? Janelas para a realidade, janelas para a existência. Se você enxergar corretamente, enxergará Deus em todos os lugares. Então os olhos não devem ficar fechados, mas abertos corretamente; os olhos não devem ser destruídos. E os ouvidos não devem ser destruídos porque todos esses sons são divinos.

Os pássaros estão entoando mantras, as árvores estão fazendo sermões em silêncio. Todos os sons são divinos e todas as formas são divinas. Assim, se você não tiver sensibilidade, como conhecerá o divino? Você precisa ir a uma igreja, a um templo para encontrar Deus... e a divindade está em toda a parte! Você encontrará Deus em um templo ou em uma igreja feita por pessoas? O ser humano parece ser tão estúpido, pois Deus está em todos os lugares, vivo e cir-

A beleza das lágrimas, a beleza do riso; a poesia das lágrimas e a poesia do riso só estão ao alcance dos seres humanos.

culando por toda parte. Mas para perceber isso você precisa de sentidos limpos e purificados.

Assim, o Tantra ensina que os sentidos são as portas da percepção. Eles estão embotados, e você precisa abandonar esse embotamento; seus sentidos precisam ser limpos. Seus sentidos são como um espelho que ficou embotado porque muita poeira se juntou sobre ele. A poeira precisa ser limpa.

Observe a abordagem tântrica em tudo; saboreie Deus em todos os sabores, flua totalmente em seu toque, pois tudo o que você toca é divino. Trata-se do inverso das pretensas religiões ascéticas, trata-se de uma revolução radical, desde as raízes.

Toque, cheire, saboreie, veja, escute o mais totalmente possível. Você terá de aprender a linguagem porque a sociedade o enganou, fez com que você se esquecesse.

Toda criança nasce com belos sentidos; observe uma criança. Quando ela olha para alguma coisa, fica completamente absorta; quando ela está brincando com seus brinquedos, está completamente absorta; quando ela olha, torna-se apenas seus olhos. Olhe os olhos de uma criança! Quando ela escuta, torna-se apenas os ouvidos; quando ela come alguma coisa, está apenas ali em sua língua, tornando-se apenas o sabor. Veja uma criança comendo uma maçã. Que gosto! Que energia! Que deleite! Veja uma criança correndo atrás de uma borboleta no jardim... tão absorta que mesmo se Deus estivesse disponível ela não correria daquela maneira. Um estado tão intenso e meditativo, e sem nenhum esforço. Veja uma criança apanhando conchas na praia como se estivesse apanhando diamantes. Quando os sentidos estão vivos, tudo é precioso; quando os sentidos estão vivos, tudo é luminoso.

Mais tarde na vida a mesma criança olhará para a realidade como que escondida atrás de óculos escuros. Muita fumaça e muita poeira se juntaram sobre o óculos, e você está escondido atrás deles e está olhando. Devido a isso, tudo parece sem graça e morto. Você olha para a árvore e ela parece sem graça porque seus olhos estão embotados. Você ouve uma canção, mas não há atrativo nela porque seus ouvidos estão embotados. Você pode ouvir um Saraha e não será capaz de apreciá-lo porque sua inteligência está embotada.

Reivindique sua linguagem esquecida. Sempre que você tiver tempo, esteja mais em seus sentidos. Ao comer, não coma apenas, mas tente aprender novamente a linguagem esquecida do sabor; toque o pão, sinta a sua textura, sinta com os olhos abertos, sinta com os olhos fechados. Enquanto estiver mastigando, mastigue; você está mastigando Deus. Lembre-se disso! Será desrespeitoso não mastigar bem, não saborear bem. Deixe que isso seja uma prece e começará a levantar uma nova consciência em você; você aprenderá o caminho da alquimia tântrica.

Toque mais as pessoas. Nós nos tornamos muito desconfiados em relação ao toque. Se alguém estiver falando com você e se aproximar muito, você começa a se afastar. Nós protegemos nosso território; não tocamos e não permitimos que os outros toquem; não seguramos as mãos e não nos abraçamos. Nós não desfrutamos o ser um do outro.

Vá até uma árvore e toque-a; toque a rocha; vá a um rio e deixe que ele flua através de suas

> *Vá a um rio e permita que ele flue através de suas mãos. Sinta-o! Nade e sinta a água como um peixe a sente. Não perca nenhuma oportunidade para reativar os seus sentidos.*

mãos. Sinta-o! Nade e sinta a água como um peixe a sente. Não perca nenhuma oportunidade para reativar seus sentidos, e há mil e uma oportunidades durante todo o dia. Não há necessidade de ter um tempo especial para fazer isso, todo o dia é um treinamento em sensibilidade; use todas as oportunidades. Ao ficar sob o chuveiro, use essa oportunidade, sinta o toque da água caindo sobre você; deite-se sem roupa no chão e sinta a terra; deite-se na praia e sinta a areia; escute os sons da areia, escute os sons do mar. Use toda oportunidade, e somente então você será capaz de reaprender a linguagem dos sentidos. E o Tantra pode ser entendido somente quando seu corpo estiver vivo e seus sentidos abertos.

Liberte seus sentidos dos hábitos; os hábitos são uma das causas-raíz do embotamento. Descubra novas maneiras de fazer as coisas, invente novas maneiras de amar. As pessoas têm muito medo.

Ouvi:

O médico pediu um exame de urina ao trabalhador rural, e quem foi levar a amostra de urina ao médico foi seu filho caçula, mas este acabou derramando quase toda ela pelo caminho. Com medo de apanhar, foi a uma vaca e encheu o frasco com a urina do animal.

Ao chegar o resultado do exame, o médico mandou chamar seu paciente o mais rápido que pôde, e, ao retornar para casa, o trabalhador rural disse com muita raiva à sua esposa: "Foi por sua causa, você e suas posições extravagantes! Você queria ficar por cima, não queria? E agora eu estou grávido!"

As pessoas têm hábitos fixos. Mesmo enquanto estão fazendo amor elas sempre o fazem na mesma posição, a posição "papai e mamãe".

Descubra novas maneiras de sentir. Cada experiência precisa ser criada com grande sensibilidade. Quando você fizer amor com uma mulher ou com um homem, faça disso uma grande celebração e a cada vez crie algo novo. Algumas vezes dance antes de fazer amor, reze antes de fazer amor, corra e depois faça amor, nade e depois faça amor. Então cada experiência amorosa criará mais sensibilidade em você e nunca será sem graça e entediante.

Descubra novas maneiras de sentir o outro; não se fixe em rotinas. Todas as rotinas são contrárias à vida; elas estão a serviço da morte. E você sempre pode inventar; não há limite para as invenções. Às vezes pequenas mudanças...

e você será imensamente beneficiado. Você sempre come à mesa; experimente comer sentado na grama e ficará imensamente surpreso: trata-se de uma experiência totalmente diferente; o cheiro da grama recém-cortada, os pássaros saltando e cantando, o ar fresco, os raios do sol e a sensação da grama úmida por baixo. Essa não pode ser a mesma experiência de quando você estava sentado em uma cadeira comendo à mesa; trata-se de uma experiência totalmente diferente, todos os ingredientes são diferentes.

Experimente comer sem roupa e ficará surpreso. Apenas uma pequena mudança, nada de mais, você está apenas sem roupa, mas terá uma experiência totalmente diferente, pois algo novo foi adicionado a ela. Se você come de colher ou de garfo, coma algumas vezes com as mãos e terá uma experiência diferente; seu toque trará um novo calor à comida. A colher é algo morto; quando você come com uma colher ou com um garfo, você está distante. Esse mesmo medo de tocar, e até a comida não pode ser tocada... Você perderá a textura, o toque, a sensação dela. A comida tem muitas outras sensações além do sabor.

Muitos experimentos foram feitos no Oriente sobre o fato de que quando estamos desfrutando algo há muitas coisas das quais não estamos conscientes e que contribuem para o desfrute. Por exemplo: feche os olhos e o nariz e coma uma cebola. Diga a alguém para lhe dar ou uma cebola ou uma maçã, e, se os olhos e o nariz estiverem completamente fechados, será difícil para você saber a diferença, será impossível para você decidir se é uma cebola ou uma maçã, pois o sabor não é apenas o sabor; cinquenta por cento dele vem do nariz, e muito vem dos olhos. Não se trata apenas de sabor; todos os sentidos contribuem. Quando você come com as mãos, seu toque está contribuindo e a comida será mais saborosa. Isso será mais humano, mais natural.

Descubra novas maneiras em tudo, deixe que essa seja uma de suas disciplinas.

O Tantra diz: Se você puder descobrir novas maneiras todos os dias, sua vida permanecerá uma excitação, uma aventura, você nunca se entediará e sempre ficará curioso para saber, sempre estará a ponto de procurar o desconhecido e o não familiar. Seus olhos e seus outros sentidos permanecerão límpidos, pois, quando você está sempre disposto a procurar, a investir, a encontrar, a buscar, você não pode ser embotado, não pode ser estúpido.

Os psicólogos dizem que na idade dos 7 anos a estupidez começa; ela começa aproximadamente na idade de 4 anos, mas aos 7 anos ela é muito aparente. Na verdade, a criança aprende cinquenta por cento das aprendizagens de toda a sua vida até a idade dos 7 anos. Se ela viver até os 70 anos, então nos sessenta e três anos restantes ela aprenderá apenas cinquenta por cento, pois já aprendeu os outros cinquenta. O que acontece? Ela fica embotada, ela para de aprender. Se você pensar em termos de inteligência, na idade dos 7 a criança começa a ficar velha. Fisicamente ela envelhecerá mais tarde, a partir dos 35 anos ela começará a declinar fisicamente, mas mentalmente ela já está declinando.

Você ficará surpreso ao saber que sua idade mental, a idade mental média, é de 12 anos. As pessoas não crescem além daí, ficam estagnadas aí. É por isso que você percebe tanta infan-

> *Observe a abordagem tântrica em tudo; flua totalmente em seu toque, pois tudo o que você toca é divino... Toque, cheire, saboreie, veja, escute o mais totalmente possível.*

tilidade no mundo. Insulte uma pessoa que tenha 60 anos de idade e dentro de segundos ela ficará com apenas 12 anos, comportando-se de tal maneira que você não será capaz de acreditar que uma tal pessoa amadurecida poderia ser tão infantil.

As pessoas estão sempre propensas a retroceder. A idade mental delas tem a profundidade da pele; coce um pouco e a idade mental se manifestará; a idade física não é de muita importância.

As pessoas morrem como crianças, elas nunca crescem.

O Tantra diz para aprender novas maneiras de fazer as coisas e para livrar-se dos hábitos tanto quanto possível. E o Tantra diz para não imitar, senão seus sentidos ficarão embotados. Não imite, mas descubra maneiras de fazer as coisas de seu próprio jeito. Tenha a sua assinatura em tudo o que você faz.

Numa outra noite uma mulher estava me contando que o amor entre ela e seu marido tinha acabado e que agora eles estavam juntos só por causa dos filhos. Eu lhe disse para meditar, para ser amigável para com o marido. Se o amor desapareceu, nem tudo desapareceu e a amizade ainda é possível. Seja amigável... Mas ela replicou: "Isso é difícil. Quando uma xícara está quebrada, ela está quebrada".

Eu lhe disse que parecia que ela não tinha ouvido que no Japão as pessoas do Zen primeiro compram uma xícara no mercado, levam a xícara para casa e a quebram, depois a colam para que ela seja única e especial. Do contrário, ela é apenas algo do mercado. E, se um amigo vem e você lhe dá chá em uma xícara e pires comuns, isso não é bom, é feio, não é respeitoso. Assim, eles trazem uma xícara novinha e a quebram. É claro, então não haverá nenhuma outra xícara no mundo exatamente como aquela, não pode haver. Colada, agora ela tem alguma individualidade, uma assinatura. E, quando as pessoas do Zen vão para a casa ou para o mosteiro umas das outras, elas não apenas sorvem o chá; primeiro elas apreciam a xícara, olham para ela. A maneira que elas foram coladas é uma obra de arte, a maneira que os pedaços se partiram e foram juntados. A mulher entendeu, começou a rir e disse: "Então é possível".

Traga individualidade às coisas e não seja apenas um imitador. Imitar é perder a vida; ser imitador é ser neurótico. A única maneira de ser saudável no mundo é ser individual, autenticamente individual. Seja seu próprio ser.

Assim, primeiro o corpo precisa ser purificado das repressões, em segundo lugar os sentidos precisam se tornar vivos novamente, e em terceiro lugar a mente precisa abandonar pensamentos neuróticos, pensamentos obsessivos e aprender os caminhos do silêncio.

Sempre que for possível, relaxe; sempre que for possível, coloque a mente de lado. Agora você dirá: "É fácil falar, mas como colocar a mente de lado? Ela segue em frente sem parar". Há uma maneira.

O Tantra diz para observar estas três consciências.

Consciência um: deixe a mente seguir em frente, deixe-a ser preenchida com pensamentos, e você simplesmente observa desapegado. Não há necessidade de se preocupar a respeito, apenas observe. Apenas seja o observador e, aos poucos, perceberá que os intervalos de silêncio começaram a vir a você.

Então, a consciência dois: quando você fica ciente de que os intervalos começaram a vir, então fique consciente do observador. Agora observe o observador, e então novos intervalos começarão a vir; o pensador começará a desaparecer como os pensamentos. Um dia o pensador também começará a desaparecer, e então o silêncio real surgirá.

Com a terceira consciência, tanto o objeto como o sujeito desaparecem, e você entra no além.

Quando esses três pontos forem atingidos, o corpo purificado das repressões, os sentidos livres do embotamento e a mente liberada do pensar obsessivo, surge uma visão em você, livre de todas as ilusões; essa é a visão tântrica.

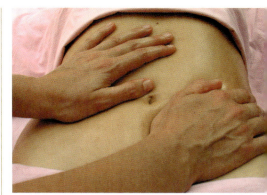

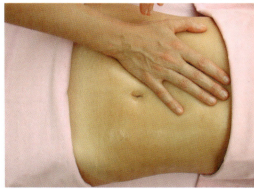

sobre o autor

Osho (1931–1990) é um místico contemporâneo cujos ensinamentos inspiraram milhões de pessoas de todas as condições sociais. Seus trabalhos, publicados em mais de 50 línguas, são transcrições de palestras feitas de improviso durante um período de 35 anos. Eles abrangem os assuntos mais variados, desde a busca pessoal da felicidade até as mais prementes preocupações sociais, políticas e espirituais da nossa época. O *Sunday Times*, de Londres, definiu Osho como um dos "1.000 construtores do século XX". Seus livros são *best-sellers* em muitas línguas e em muitos países. Outros títulos de Osho publicados pela Editora Cultrix:

Buda: Sua Vida, seus Ensinamentos e o Impacto de sua Presença na Humanidade
Consciência: A Chave para Viver em Equilíbrio
Tao: Sua História e Seus Ensinamentos
Zen: Sua História e Seus Ensinamentos

"Ele cita Jesus, Buda, Mahavira, Lao Tzu, os Sufis e os antigos mestres do Zen com uma memória magnífica, interpretando-os com vigor e clareza como se eles estivessem falando hoje, como se estivessem usando jeans."
Die Zeit, Alemanha

"Osho é um dos mais notáveis oradores que já ouvi."
BERNARD LEVIN, The Times, Reino Unido

WEBSITE DO OSHO
Para maiores informações sobre Osho, consulte www.osho.com – um website em várias línguas, com informações sobre o autor, seu trabalho e o Osho Meditation Resort.